电网企业
员工安全技术等级培训 系列教材

电力营销

国网浙江省电力公司　组编

中国电力出版社
CHINA ELECTRIC POWER PRESS

内 容 提 要

为提高电网企业生产岗位人员的安全技术水平，推进生产岗位人员安全技术等级培训、考核、认证工作，国网浙江省电力公司组织编写了《电网企业员工安全技术等级培训系列教材》。本系列教材共 20 分册，包括 1 个《公共安全知识》分册和 19 个专业分册。

本书是《电力营销》分册，内容包括基本安全要求、保证安全的组织措施和技术措施、作业安全风险辨识评估与控制、现场标准化作业、生产现场的安全设施、典型违章举例与事故案例分析、安全技术劳动保护措施和反事故措施、班组管理和作业安全监督八个部分。

本系列教材是电网企业员工安全技术等级培训的专用教材，可作为生产岗位人员安全培训的辅助教材，宜采用《公共安全知识》分册加专业分册配套使用的形式开展学习培训。

图书在版编目（CIP）数据

电力营销 / 国网浙江省电力公司组编. —北京：中国电力出版社，2016.6

电网企业员工安全技术等级培训系列教材

ISBN 978–7–5123–9234–2

Ⅰ.①电… Ⅱ.①国… Ⅲ.①电力工业—市场营销学—技术培训—教材 Ⅳ.①F407.615

中国版本图书馆 CIP 数据核字（2016）第 080792 号

中国电力出版社出版、发行

（北京市东城区北京站西街 19 号 100005 http://www.cepp.sgcc.com.cn）

三河市万龙印装有限公司印刷

各地新华书店经售

*

2016 年 6 月第一版 2016 年 6 月北京第一次印刷

710 毫米×980 毫米 16 开本 11 印张 183 千字

印数 00001—10000 册 定价 **50.00** 元

编写委员会

主　任　阙　波

副主任　吴　哲　　徐　林　　吴剑凌　　潘巍巍　　方旭初　　郑新伟
　　　　朱维政　　温华明　　沈灵兵　　张　巍　　钱　泱

成　员　章伟林　　张学东　　郭建平　　潘王新　　黄陆明　　周　辉
　　　　周晓虎　　虞良荣　　叶代亮　　陈　蕾　　杨　扬　　姚集新
　　　　黄文涛　　金坚贞　　陶鸿飞　　陆德胜　　杨德超　　叶克勤
　　　　董旭明　　翁格平　　傅利成　　金国亮　　姚建立　　季凌武
　　　　李向军　　黄　胜　　林土方　　吴宏坚　　王　勇　　吴良军
　　　　毛启华

本册编写人员

陈定华　　王　川　　章伟林　　陈　瑜　　邵金福　　乐　锋
徐一斌　　董绍光

前　言

为贯彻"安全第一、预防为主、综合治理"的方针，落实《国家电网公司安全工作规定》对于教育培训的具体要求，进一步提高电网企业生产岗位人员的安全技术水平，推进生产岗位人员安全技术等级培训、考核、认证工作，夯实电网企业安全管理基础，国网浙江省电力公司在国家电网公司系统率先建立了与专业岗位任职资格相结合的员工安全技术等级培训认证体系。该体系确定了层次分明的五级安全技术等级认证标准，明确不同岗位所对应的安全等级和职业技术等级。

为了推进安全技术等级培训工作，国网浙江省电力公司组织编写了涵盖所有生产岗位人员的安全技术等级培训大纲和培训教材，并采用网络学习与脱产普训相结合的培训形式，有序开展各等级安全技术等级培训与鉴定工作。至 2015 年 6 月，历时 3 年完成全体生产岗位员工的第一轮安全技术等级培训认证。

根据国家电网公司不断提升安全生产工作的要求，以及新一轮员工安全技术等级资质复审培训工作的需要，国网浙江省电力公司组织近百位专家和培训师，在原有员工安全技术等级培训教材的基础上进行修订和完善，形成《电网企业员工安全技术等级培训系列教材》。本系列教材全套共计 20 册，包括《公共安全知识》分册和《变电检修》《电气试验》《变电运维》《输电线路》《输电线路带电作业》《继电保护》《电网调控》《自动化》《电力通信》《配电运检》《电力电缆》《配电带电作业》《电力营销》《变电一次安装》《变电二次安装》《线路架设》《水电厂水工》《水电厂机械检修》《水电厂自动化检修》19 个专业分册。

《公共安全知识》分册内容包含安全生产法规制度知识、安全管理知识、现场作业安全知识三个部分；各专业分册包括相应专业的基本安全要求、保证安全的组织措施和技术措施、作业安全风险辨识评估与控制、现场标准化作业、生产现场的安全设施、典型违章举例与事故案例分析、安全技术劳动保护措施和反事故措施、班组管理和作业安全监督八个部分。

本系列教材为电网企业员工安全技术等级培训专用教材，也可作为生产岗位人员安全培训辅助教材，宜采用《公共安全知识》分册加专业分册配套使用的形式开展学习培训。

鉴于编者水平有限，不足之处，敬请读者批评指正。

编者

2016 年 5 月

目　录

第一章　基本安全要求

● 第一节　一般安全要求

　　电力营销安全是电网企业安全的重要组成部分，直接影响企业的经营成果，直接关系到企业的合法权益，直接决定着企业的优质服务形象。为深入贯彻落实"安全第一、预防为主、综合治理"方针，实现营销安全的"可控、能控、在控"，结合现代风险管理理论，建立营销安全风险防范与管理体系，以此提高对营销安全风险的识别和预警防范能力，防止营销安全和经济事故的发生。

一、作业基本条件要求

1. 天气条件

　　室外作业应在良好天气下进行，风力大于 5 级及以上（或湿度大于 80%），不宜带电作业，暴雨、雷电、冰雹、大雾、沙尘暴等恶劣天气下，暂时停止操作，待天气情况好转后继续进行。特殊情况下，确需在恶劣天气进行抢修时，应制定相应的安全措施，经单位批准后方可进行。

　　2. 作业人员条件

　　作业人员应符合《安规》❶规定，特种作业操作人员还必须持有特种作业操作证。作业人员在工作时应有良好的精神状态。具体要求如下：

　　（1）经医师鉴定，无妨碍工作的病症（体格检查每两年至少一次）。

　　（2）具备必要的安全生产知识，学会紧急救护法，特别要学会触电急救。

　　（3）接收相应的生产知识教育和岗位技能培训，掌握配电作业必备的电

---

　　❶　本文所述《安规》涵盖 Q/GDW 1799.1—2013《国家电网公司电力安全工作规程　变电部分》、Q/GDW 1799.2—2013《国家电网公司电力安全工作规程　线路部分》、《国家电网公司电力安全工作规程（配电部分）》（试行）三本。

气知识和业务技能，并按工作性质，熟悉《安规》的相关部分，经考试合格后上岗。

（4）参与公司系统所承担电气工作的外单位或外来人员应熟悉《安规》；经考试合格，并经设备运维管理单位认可后，方可参加工作。

（5）作业人员对《安规》应每年考试一次。因故间断电气工作连续三个月及以上者，应重新学习《安规》，并经考试合格后，方可恢复工作。

（6）新参加电气工作的人员、实习人员和临时参加劳动的人员，应经过安全生产知识教育后，方可下现场参加指定的工作，并且不得单独工作。

二、基本安全措施要求

（1）作业现场的生产条件和安全设施等应符合有关标准、规范的要求，作业人员的劳动防护用品应合格、齐备。

（2）经常有人工作的场所及施工车辆上宜配备急救箱，存放急救用品，并应指定专人经常检查、补充或更换。

（3）在高处作业做好防坠落措施，作业人员必须扣好安全带。

（4）作业现场周围的孔洞必须采取相应的防护措施。井、坑、孔、洞或沟（槽），应覆以与地面齐平而坚固的盖板。

（5）作业现场不得进行立体交叉作业。

（6）上下楼梯时必须从正规通道上行走。

（7）必要时，现场监护应配置口哨。

（8）装接人员登杆前，必须检查脚扣等安全用具。

（9）高处作业上下传递物件不得采用抛掷方式，并确认对方抓牢或系牢再松手。

（10）作业现场照明符合要求。

（11）带电作业现场必须装设围栏和悬挂合适的标识牌。

（12）装表接电带电作业人员戴好护目镜。

（13）作业人员应被告知其作业现场和岗位存在的危险因素、防范措施及事故紧急处理措施。作业前，设备运维管理单位应告知现场电气设备接线情况、危险点和安全注意事项。

三、安全距离的要求

1. 安全距离的含义

电气工作时，为了防止人体触及或接近带电体，防止车辆或其他物体碰撞或接近带电体等造成的危险，在其两者之间所需保持的一定空间距离，这个距离就称为安全距离。人与带电设备之间的距离，按是否设备需要停电，分设备不停电的最小安全距离、设备必须要停电的最小安全距离、设备不停电但必须装设安全遮栏或绝缘挡板措施时的距离三种。

2. 作业时对安全距离的要求

为了防止人体触及或接近带电体、造成人身触电事故，《安规》规定高压线路、设备不停电时的最小安全距离为表 1-1 所示。表 1-2 为与工作人员在进行工作中正常活动范围的距离，小于表中规定的高压线路、设备，必须停电。当人体与带电设备之间的距离处于表 1-1 和表 1-2 之间时，必须做好装设安全遮栏或绝缘挡板措施。表 1-3 为车辆（包括装载物）外廓至无遮栏带电部分之间的最小安全距离。表 1-4 为带电作业时人身与带电体间的安全距离。

表 1-1　　　　　　高压线路、设备不停电时安全距离

电压等级（kV）	安全距离（m）
10 及以下	0.70
20、35	1.00
66、110	1.50

表 1-2　 工作（作业）人员工作中正常活动范围与高压线路、设备带电部分的安全距离

电压等级（kV）	安全距离（m）
10 及以下	0.35
20、35	0.60
66、110	1.50
220	3.00

注　表中未列电压按高一档电压等级的安全距离。

表 1-3　　　　车辆（包括装载物）外廓至无遮栏带电部分之间的安全距离

电压等级（kV）	安全距离（m）
10	0.95
20	1.05
35	1.15
66	1.40
110	1.65（1.75 中性点不接地系统使用）

表 1-4　　　　　　带电作业时人身与带电体间的安全距离

电压等级（kV）	10	35	110
距离（m）	0.4	0.6	1.0

3. 室内、外配电装置的最小电气安全净距

室内、外配电装置的最小电气安全净距分别如表 1-5、表 1-6 所示。

表 1-5   **屋内配电装置的最小电气安全净距**   mm

符号	适用范围	额定电压（kV）									
		3	6	10	15	20	35	60	110J	110	220J
A1	1. 带电部分至接地部分之间 2. 网状和板状遮栏向上延伸线距地 2.5m 处，与遮栏上方带电部分之间	70	100	125	150	180	300	550	850	950	1800
A2	1. 不同相的带电部分之间 2. 断路器和隔离开关的断口两侧带电部分之间	75	100	125	150	180	300	550	900	1000	2000
B1	1. 栅状遮栏至带电部分之间 2. 交叉的不同时停电检修的无遮栏带电部分之间	825	850	875	900	930	1050	1300	1600	1700	2550
B2	网状遮栏至带电部分之间	175	200	225	250	280	400	650	950	1050	1900
C	无遮栏裸导体至地（楼）面之间	2375	2400	2425	2450	2480	2600	2850	3150	3250	4100
D	平行的不同时停电检修的无遮栏裸导体之间	1875	1900	1925	1950	1980	2100	2350	2650	2750	3600
E	屋外出线套管至屋外通道路面	4000	4000	4000	4000	4000	4000	4500	5000	5000	5500

注   J 指中性点直接接地系统。

表 1-6   **屋外配电装置的最小电气安全净距**   mm

符号	适用范围	额定电压（kV）								
		3～10	15～20	35	60	110J	110	220J	330J	500J
A1	1. 带电部分至接地部分之间 2. 网状遮栏向上延伸线距地 2.5m 处与遮栏上方带电部分之间	200	300	400	650	900	1000	1800	2500	3800

4

符号	适用范围	额定电压（kV）								
		3～10	15～20	35	60	110J	110	220J	330J	500J
A2	1. 不同相的带电部分之间 2. 断路器和隔离开关的断口两侧带电部分之间	200	300	400	650	1000	1100	2000	2800	4300
B1	1. 设备运输时，其外廓至无遮栏带电部分之间 2. 栅状遮栏至绝缘体和带电部分之间 3. 交叉的不同时停电检修的无遮栏带电部分之间 4. 带电作业时的带电部分至接地部分之间	950	1050	1150	1400	1650	1750	2550	3250	4550
B2	网状遮栏至带电部分之间	300	400	500	750	1000	1100	1900	2600	3900
C	1. 无遮栏裸导体至地面之间 2. 无遮栏导体至建筑物、构筑物顶部之间	2700	2800	2900	3100	3400	3500	4300	5000	7500
D	1. 平行的不同时停电检修的无遮栏带电部分之间 2. 带电部分与建筑物、构筑物的边缘部分之间	2200	2300	2400	2600	2900	3000	3800	4500	5800

注　J指中性点直接接地系统。

4. 变压器围栏安全距离的规定

（1）露天或半露天变电站的变压器四周应设不低于 1.7m 高的固定围栏（墙），变压器外廓与围栏（墙）的净距不应小于 0.8m，变压器底部距地面不应小于 0.3m，相邻变压器外廓之间的净距不应小于 1.5m。

（2）当露天或半露天变压器供给一级负荷用电时，相邻的可燃油油浸变压器的防火净距不应小于 5m，若小于 5m 时，应设置防火墙，防火墙应高出油枕顶部，且墙两端应大于挡油设施各 0.5m。

（3）可燃油油浸变压器外廓与变压器室墙壁和门的最小净距应符合表 1-7 的规定。

表 1-7　　　**可燃油油浸变压器外廓与变压器室墙壁和门的最小净距**　　　mm

变压器容量（kVA）	100～1000	1250 及以上
变压器外壳与后壁、侧壁净距	600	800
变压器外壳与门净距	800	1000

（4）设置在变电站内的非封闭式干式变压器，应装设高度不低于1.7m 的固

定遮栏，遮栏网孔不应大于 40mm×40mm，变压器的外廓与遮栏的净距不宜小于 0.6m，变压器之间的净距不应小于 1.0m。

5. 变电站内通道及其他规定

（1）配电装置的长度大于 6m 时，其柜（屏）后通道应设两个出口，低压配电装置两个出口间的距离超过 15m 时，尚应增加出口。

（2）配电站、开闭站、箱式变电站的门应朝向外开。

（3）高压配电室内各种通道最小宽度应符合表 1-8 的规定。

表 1-8　　　　　　　　　　高压配电室内各种通道最小宽度　　　　　　　mm

开关柜布置方式	柜后维护通道	柜前操作通道	
		固定式	手车式
单排布置	800	1500	单车长度+1200
双排面对面布置	800	2000	双车长度+900
双排背对背布置	100	1500	单车长度+1200

注　1　固定式开关柜为靠墙布置时，柜后与端大于 50mm，侧面与墙净距应大于 200mm。
　　2　通道宽度在建筑物的墙面遇有柱类局部凸出时，凸出部位的通道宽度可减少 200mm。

（4）低压配电室内成排布置的配电屏，其屏前、屏后的通道最小宽度，应符合表 1-9 的规定。

表 1-9　　　　　低压配电室内成排布置的配电屏，其屏前、屏后的通道最小宽度　　mm

型式	布置方式	屏前通道	屏后通道
固定式	单排布置	1500	1000
	双排面对面布置	2000	1000
	双排背对背布置	1500	1500
抽屉式	单排布置	1800	1000
	双排面对面布置	2300	1000
	双排背对背布置	1800	1000

注　当建筑物墙面遇有柱类局部凸出时，凸出部位的通道宽度可减少 200mm。

（5）在配电室内裸导体正上方，不应布置灯具和明敷线路。当在配电室内裸导体上方布置灯具时，灯具与裸导体的水平净距不应小于 1.0m，灯具不得采用吊链和软线吊装。

（6）高压配电装置的柜顶为裸母线分段时，两段母线分段处宜装设绝缘隔板，其高度不应小于 0.3m。

四、配电设备上工作的安全要求

在配电设备上工作时，《安规》中规定了以下一些安全规定，要求各个工种的营销工作人员必须熟悉掌握，并灵活运用。

1. 一般安全要求

（1）无论高压设备是否带电，工作人员不得单独移开或越过遮栏进行工作；若有必要移开遮栏时，应有监护人在场，并符合前面所述表 1-1 设备不停电时的安全距离要求。

（2）在高压手车开关拉出后，应观察隔离挡板是否可靠封闭。

（3）运行中的高压设备其中性点接地系统的中性点应视作带电体。

（4）雷雨天气，需要巡视室外高压设备时，应穿绝缘靴，并不准靠近避雷器和避雷针。

（5）高压设备发生接地时，室内不准接近故障点 4m 以内，室外不准接近故障点 8m 以内。进入上述范围人员应穿绝缘靴，接触设备的外壳和构架时，应戴绝缘手套。

（6）倒闸操作的基本要求：停电拉闸操作应按照断路器——负荷侧隔离开关——电源侧隔离开关的顺序依次进行，送电合闸操作应按与上述相反的顺序进行。禁止带负荷拉合隔离开关。

（7）低压配电盘、配电箱和电源干线上的工作，应填用变电站（发电厂）第二种工作票或填用配电第二种工作票。

在低压电动机和在不可能触及高压设备、二次系统的照明回路上工作可不填用工作票，但应做好相应记录，该工作至少由两人进行。

（8）低压回路停电的安全措施：

1）将检修设备的各方面电源断开取下熔断器，在断路器或隔离开关操作把手上挂"禁止合闸，有人工作！"的标示牌；

2）工作前应验电；

3）根据需要采取其他安全措施。

（9）低压工作时，应防止相间或接地短路，采用有效措施遮蔽有电部分，若无法采取遮蔽措施时，则将影响作业的有电设备停电。

（10）进入作业现场应正确佩戴安全帽，现场作业人员还应穿全棉长袖工作服、绝缘鞋。

（11）在带电设备周围禁止使用钢卷尺、皮卷尺和线尺（夹有金属丝者）进行测量工作。

（12）在户外变电站和高压室内搬动梯子、管子等长物，应两人放倒搬运，并与带电部分保持足够的安全距离。

在变、配电站（开关站）的带电区域内或临近带电线路处，禁止使用金属梯子。

（13）一般电气安全注意事项：

1）所有电气设备的金属外壳均应有良好的接地装置。使用中不准将接地装置拆除或对其进行任何工作；

2）手持电动工器具如有绝缘损坏、电源线护套破裂、保护线脱落、插头插座裂开或有损于安全的机械损伤等故障时，应立即进行修理，在未修复前，不得继续使用；

3）工作场所的照明，应该保证足够的亮度。在操作盘、重要表计、主要楼梯、通道、调度室、机房、控制室等地点，还应设有事故照明。现场的临时照明线路应相对固定，并经常检查、维修。照明灯具的悬挂高度应不低于 2.5m，并不得任意挪动；低于 2.5m 时应设保护罩。

（14）作业前检查多电源和有自备电源的用户已采用机械或电气联锁等防反送电的强制性安全措施。

在双电源和有自备电源的用户线路的高压系统接入点，应有明显断开点，以防止停电作业时用户设备的反送电。

2. 装表接电工作的安全要求

（1）带电装表接电工作时，应采取防止短路和电弧灼伤的安全措施。

（2）电能表与电流互感器、电压互感器配合安装时，宜停电进行。带电工作时应有防止电流互感器二次开路和电压互感器二次短路的安全措施。

（3）所有配电箱、电表箱均应可靠接地且接地电阻应满足要求。作业人员在接触运用中配电箱、电表箱前，应检查接地装置是否良好，并用验电笔确认其确无电压后，方可接触。

（4）当发现配电箱、电表箱箱体带电时，应断开上一级电源将其停电，查明带电原因，并作相应处理。

（5）带电接电时作业人员应戴手套。

3. 计量、负控装置工作的安全要求

（1）工作时，应有防止电流互感器二次侧开路、电压互感器二次侧短路和防止相间短路、相对地短路、电弧灼伤的措施。

（2）电源侧不停电更换电能表时，直接接入的电能表应将出线负荷断开；经电流互感器接入的电能表应将电流互感器二次侧短路后进行。

（3）现场校验电流互感器、电压互感器应停电进行，试验时应有防止反送电、防止人员触电的措施。

（4）负控装置安装、维护和检修工作一般应停电进行，若需不停电进行，工作时应有防止误碰运行设备、误分闸的措施。

五、低压电气工作的安全要求

1. 一般规定

（1）低压电气带电工作应戴手套、护目镜，并保持对地绝缘。

（2）低压配电网中的开断设备应易于操作，并有明显的开断指示。

（3）低压电气工作前，应用低压验电器或测电笔检验检修设备、金属外壳和相邻设备是否有电。

（4）低压电气工作，应采取措施防止误入相邻间隔、误碰相邻带电部分。

（5）低压电气工作时，拆开的引线、断开的线头应采取绝缘包裹等遮蔽措施。

（6）低压电气带电工作，应采取绝缘隔离措施防止相间短路和单相接地。

（7）低压电气带电工作时，作业范围内电气回路的剩余电流动作保护装置应投入运行。

（8）低压电气带电工作使用的工具应有绝缘柄，其外裸的导电部位应采取绝缘措施；禁止使用锉刀、金属尺和带有金属物的毛刷、毛掸等工具。

（9）所有未接地或采取绝缘遮蔽、断开点加锁挂牌等可靠措施隔绝电源的低压线路和设备都应视为带电。未经严明确无电压，禁止触碰导体的裸露部分。

（10）不填用工作票的低压电气工作可单人进行。

2. 低压配电网工作

（1）带电断、接低压导线应有人监护。断、接导线前应核对相线（火线）、零线。断开导线时，应先断开相线（火线），后断开零线。搭接导线时，顺序应相反。

禁止人体同时接触两根线头。

禁止带负荷断、接导线。

（2）高低压同杆（塔）架设，在低压带电线路上工作前，应先检查与高压线的距离，并采取防止误碰高压带电线路的措施。

（3）高低压同杆（塔）架设，在下层低压带电导线未采取绝缘措施或未停电接地时，作业人员不得穿越。

（4）低压装表接电时，应先安装计量装置后接电。

（5）电容器柜内工作，应断开电容器的电源，逐相充分放电后，方可工作。

（6）在配电柜（盘）内工作，相邻设备应全部停电或采取绝缘遮蔽措施。

（7）配电变压器测控装置二次回路上工作，应按低压带电工作进行，并采取措施防止电流互感器二次侧开路。

（8）非运维人员进行的低压测量工作，宜填用低压工作票。

3. 低压用电设备工作

（1）在低压用电设备（如充电桩、路灯、用户终端设备等）上工作，应采取工作票或派工单、任务单、工作记录、口头、电话命令等形式，口头或电话命令应留有记录。

（2）在低压用电设备上工作，需高压线路、设备配合停电时，应填用相应的工作票。

（3）在低压用电设备上停电工作前，应断开电源，取下熔丝，加锁或悬挂标示牌，确保不误合。

（4）在低压用电设备上停电工作前，应验明确无电压，方可工作。

4. 互感器上的工作

（1）电流互感器和电压互感器的二次绕组应有一点且仅有一点永久的、可靠的保护接地。工作中禁止将回路的永久接地点断开。

（2）在带电的电流互感器二次回路上工作，应采取措施防止电流互感器二次侧开路。短路电流互感器二次绕组，应使用短路片或短路线，禁止用导线缠绕。

（3）在带电的电压互感器二次回路上工作时，应采取措施防止电压互感器二次侧短路或接地。接临时负载，应装设专用的刀闸和熔断器。

（4）二次回路通电或耐压试验前，应通知运维人员和其他有关人员，并派专人到现场看守，检查二次回路及一次设备上确无人工作后，方可加压。

（5）电压互感器的二次回路通电试验时，应将二次回路断开，并取下电压互感器高压熔断器或拉开电压互感器一次侧隔离开关，防止由二次侧向一次侧反送电。

六、电气试验的安全要求

（1）高压试验应填用变电站（发电厂）第一种工作票或填用配电第一种工作票。在同一电气连接部分，许可高压试验工作票前，应将已许可的检修工作票全部收回，禁止再许可第二张工作票。

一张工作票中，同时有检修和试验时，试验前应得到工作负责人的同意。

（2）高压试验工作不得少于两人。试验负责人应由有经验的人员担任，开始试验前，试验负责人应向全体试验人员详细布置试验中的安全注意事项，交代邻近间隔的带电部位，以及其他安全注意事项。

（3）因试验需要断开设备接头时，拆前应做好标记，接后应进行检查。

（4）试验装置的金属外壳应可靠接地；高压引线应尽量缩短，并采用专用的高压试验线，必要时用绝缘物支持牢固。

试验装置的电源开关，应使用明显断开的双极刀闸。为了防止误合刀闸，可在刀刃上加绝缘罩。

试验装置的低压回路中应有两个串联电源开关，并加装过载自动跳闸装置。

（5）试验现场应装设遮栏或围栏，遮栏或围栏与试验设备高压部分应有足够的安全距离，向外悬挂"止步，高压危险！"的标示牌，并派人看守。被试设备两端不在同一地点时，另一端还应派人看守。

（6）加压前应认真检查试验接线，使用规范的短路线，表计倍率、量程、调压器零位及仪表的开始状态均正确无误，经确认后，通知所有人员离开被试设备，并取得试验负责人许可，方可加压。加压过程中应有人监护并呼唱。

高压试验工作人员在全部加压过程中，应精力集中，随时警戒异常现象发生，操作人应站在绝缘垫上。

（7）变更接线或试验结束时，应首先断开试验电源、放电，并将升压设备的高压部分放电、短路接地。

（8）未装接地线的大电容被试设备，应先行放电再做试验。高压直流试验时，每告一段落或试验结束时，应将设备对地放电数次并短路接地。

（9）试验结束时，试验人员应拆除自装的接地短路线，并对被试设备进行检查，恢复试验前的状态，经试验负责人复查后，进行现场清理。

七、电气"五防"功能

电气"五防"功能是指：防止误分、误合断路器；防止带负荷分、合隔离开关；防止带电挂接地线或合接地刀闸；防止带接地线合断路器（隔离开关）；防止误入带电间隔。

第二节　仪器仪表的安全使用

一、携带型仪器

（1）使用携带型仪器在高压回路上进行工作，至少由两人进行。需要高压设备停电或做安全措施的，应填用变电站（发电厂）第一种工作票或填用配电第一种工作票。

（2）除使用特殊仪器外，所有使用携带型仪器的测量工作，均应在电流互感器和电压互感器的二次侧进行。

（3）电流表、电流互感器及其他测量仪表的接线和拆卸，需要断开高压回路者，应将此回路所连接的设备和仪器全部停电后，才能进行。

（4）电压表、携带型电压互感器和其他高压测量仪器的接线和拆卸无需断开高压回路者，可以带电工作。但应使用耐高压的绝缘导线，导线长度应尽可能缩短，不准有接头，并应连接牢固，以防接地和短路。必要时用绝缘物加以固定。

使用电压互感器进行工作时，应先将低压侧所有接线接好，然后用绝缘工具将电压互感器接到高压侧。工作时应戴手套和护目眼镜，站在绝缘垫上，并应有专人监护。

（5）连接电流回路的导线截面，应适合所测电流数值。连接电压回路的导线截面不得小于 1.5mm^2。

（6）非金属外壳的仪器，应与地绝缘，金属外壳的仪器和变压器外壳应接地。

（7）测量用装置必要时应设遮栏或围栏，并悬挂"止步，高压危险！"的标示牌。仪器的布置应使工作人员距带电部位不小于表 1-1 规定的安全距离。

二、钳型电流表

（1）作业人员使用钳型电流表的测量工作，应由两人进行。非运维人员测量时，应填用变电站（发电厂）第二种工作票或填用配电第二种工作票。

（2）在高压回路上测量时，禁止用导线从钳型电流表另接表计测量。

（3）测量时若需拆除遮栏，应在拆除遮栏后立即进行。工作结束，应立即将遮栏恢复原状。

（4）使用钳型电流表时，应注意钳型电流表的电压等级。测量时戴绝缘手套，站在绝缘垫上，不得触及其他设备，以防短路或接地。

观测表计时，要特别注意保持头部与带电部分的安全距离。

（5）测量低压熔断器和水平排列低压母线电流时，测量前应将各相熔断器和母线用绝缘材料加以包护隔离，以免引起相间短路，同时应注意不得触及其他带电部分。

测量高压电缆各相电流，电缆头线间距离应大于300mm，且绝缘良好、测量方便。当有一相接地时，禁止测量。

（6）钳型电流表应保存在干燥的室内，使用前要擦拭干净。

三、绝缘电阻表

（1）使用绝缘电阻表测量高压设备绝缘，应由两人进行。

（2）测量用的导线，应使用相应的绝缘导线，其端部应有绝缘套。

（3）测量绝缘时，应将被测设备从各方面断开，验明无电压，确实证明设备无人工作后，方可进行。在测量中禁止他人接近被测设备。

在测量绝缘前后，应将被测设备对地放电。

（4）在带电设备附近测量绝缘电阻时，测量人员和绝缘电阻表安放位置，应选择适当，保持安全距离，以免绝缘电阻表引线或引线支持物触碰带电部分。移动引线时，应注意监护，防止工作人员触电。

（5）测量线路绝缘电阻时，应在取得许可并通知对侧后进行。在有感应电压的线路上测量绝缘电阻时，应将相关线路停电，方可进行。

四、万用表

（1）测试时不要用手触及表笔的金属部分，以保证安全和测量的准确度。

（2）测试高电压或大电流时，不能在测试时旋动转换开关，避免转换开关的触头产生电弧而损坏开关。

（3）使用 $\Omega \times 1$ 档时，调整零欧姆调整器的时间尽量要短，以延长电池寿命，因这时表内电池的电流很大，可达 100mA 左右。

（4）万用表测量完毕，应将转换开关拨到空档或交流电压的最大量程档，以防测电压时忘记拨转换开关，用电阻档去测电压，将万用表烧坏或危及人身安全。

（5）保持清洁、干燥，不要放在高温和有强磁场的地方，携带、使用时要轻拿轻放。

五、数字双钳相位伏安表

（1）使用时，应由两人进行，测量时戴手套和安全帽，站在绝缘垫上，不得触及其他设备，以防短路或接地。

（2）不得在测量电流的情况下切换量程开关。

（3）不得在输入被测电压时，在表壳上拔插电压、电流测试线。

六、相序表

（1）当任一测试线已经与三相电路接通时，应避免用手触及其他测试线的金属端，防止发生触电。

（2）测量时，L1、L2、L3 三支表笔顺序不能错，否则会影响测试结果。

（3）应在允许电压范围内进行测量，否则可能损坏相序表或测试结果不准确。

（4）对于有接电按钮的相序表，不宜长时间按住按钮不放，以防烧坏触点。

（5）如果接线良好，相序表铝盘不转动或接电指示灯未全亮，表示其中一相断相。

七、用电检查（稽查）仪（单相、三相）

（1）正确连接测试探头与测试源，注意安全，防止触电和短路。

（2）在进行连接时需特别注意电压测试线的颜色与主机插座的颜色必须一致。同样，电压测试探头的颜色也应相互配合。

（3）黑色测试线连接主机黑色插座和黑色电压测试探头，接测试源的 N 线。

（4）使用完后，及时放入机箱内。

第二章　保证安全的组织措施和技术措施

第一节　保证安全的组织措施

在电气设备上工作，保证安全的组织措施包括现场勘察制度，工作票制度，工作许可制度，工作监护制度，工作间断、转移和终结制度。

在电力线路上工作，保证安全的组织措施包括现场勘察制度，工作票制度，工作许可制度，工作监护制度，工作间断制度，工作终结和恢复送电制度。

在配电设备和配电线路上工作，保证安全的组织措施包括现场勘察制度，工作票制度，工作许可制度，工作监护制度，工作间断、转移制度，工作终结制度。

一、现场勘察制度

（1）进行电力线路施工作业、变电检修（施工）作业、配电检修（施工）作业和用户工程及设备上的工作，工作票签发人或工作负责人认为有必要现场勘察的检修作业，施工、检修单位均应根据工作任务组织现场勘察，并填写现场勘察记录。现场勘察由工作票签发人或工作负责人组织。

（2）现场勘察应查看现场施工（检修）作业需要停电的范围、保留的带电部位和作业现场的条件、环境及其他危险点等。根据现场勘察结果，对危险性、复杂性和困难程度较大的作业项目，应编制组织措施、技术措施、安全措施，经本单位批准后执行。

（3）参加现场勘察的人员不应少于 2 人，工作负责人必须参加现场勘察。

（4）现场勘察 2 周内未开工的，需重新进行现场勘察。

二、工作票制度

1. 工作方式

（1）在电气设备上的工作，应填用工作票或事故紧急抢修单，其方式有以下 6 种：

　　1）填用变电站（发电厂）第一种工作票；

　　2）填用电力电缆第一种工作票；

　　3）填用变电站（发电厂）第二种工作票；

　　4）填用电力电缆第二种工作票；

　　5）填用变电站（发电厂）带电作业工作票；

　　6）填用变电站（发电厂）事故紧急抢修单。

　　（2）在电力线路上工作，应按下列方式进行：

　　1）填用电力线路第一种工作票；

　　2）填用电力电缆第一种工作票；

　　3）填用电力线路第二种工作票；

　　4）填用电力电缆第二种工作票；

　　5）填用电力线路带电作业工作票；

　　6）填用电力线路事故紧急抢修单；

　　7）口头或电话命令。

　　（3）在配电线路和设备上工作，可按下列方式进行：

　　1）填用配电第一种工作票；

　　2）填用配电第二种工作票；

　　3）填用配电带电作业工作票；

　　4）填用低压工作票；

　　5）填用配电故障紧急抢修单；

　　6）使用其他书面记录或按口头或电话命令执行。

　　2. 营销现场作业工作票的使用

　　（1）变电站（发电厂）第一种工作票。35kV 及以上高压客户增（减）容受电工程中间检查、竣工检验等工作需停电的，应使用《变电站（发电厂）第一种工作票》；10（20）kV 高压客户的此类工作，可使用《变电站（发电厂）第一种工作票》。工作票实行双签发制度，由有权签发的用户单位、施工单位和供电单位签发，由客户电气值班人员许可，客户经理为工作负责人。

　　35kV 及以上高压互感器现场停电校验时，应使用《变电站（发电厂）第一种工作票》；10（20）kV 高压互感器现场停电校验时，可使用《变电站（发电厂）第一种工作票》。工作票由有权签发的用户单位或供电单位签发，电气值班人员许可，由检验检测班成员担任工作负责人。

（2）变电站（发电厂）第二种工作票。在运行的 35kV 及以上变电站内的电能表（负控装置）装拆单项作业，应使用《变电站（发电厂）第二种工作票》；10（20）kV 的此类作业，可使用《变电站（发电厂）第二种工作票》。工作票由运维单位签发，由变电站电气值班员许可，由装接班成员担任工作负责人；当电能表（负控装置）装拆仅是运行变电站某项工作的其中一项任务时，装接班成员作为工作班成员参加工作。

在运行的 35kV 及以上变电站、开关站、高供高计客户单独开展电能表校验、电压互感器二次压降测量、二次负荷测量等现场工作时，应使用《变电站（发电厂）第二种工作票》；10（20）kV 的此类工作，可使用《变电站（发电厂）第二种工作票》。工作票由地市公司安监部与客户服务中心批准下文的工作票签发人签发，电气值班人员许可，由检验检测班成员担任工作负责人。

高压高计客户侧开展上述工作时，工作票实行双签发制度，由有权签发的用户单位、施工单位和供电单位签发，由客户电气值班人员许可，由检验检测班成员担任工作负责人。若客户无签发人，应委托供电企业或客户电气设备工程检修施工单位签发；若客户无许可人时，由签发工作票的施工单位的签发人指定有资格人员许可，或由供电企业工作票签发人指定有资格人员担任许可人。

（3）配电第一种工作票。10（20）kV 高压客户增（减）容受电工程中间检查、竣工检验等工作需停电的，可使用《配电第一种工作票》。工作票实行双签发制度，由有权签发的用户单位、施工单位和供电单位签发，由客户电气值班人员许可，客户经理为工作负责人。

10（20）kV 高压互感器现场停电校验时，可使用《配电第一种工作票》。由有权签发的用户单位或供电单位签发，电气值班人员许可，由检验检测班成员担任工作负责人。

（4）配电第二种工作票。在运行的 10（20）kV 变电站内的电能表（负控装置）装拆单项作业，应使用《配电第二种工作票》。工作票由运维单位签发，由变电站电气值班员许可，由装接班成员担任工作负责人；当电能表（负控装置）装拆仅是运行变电站某项工作的其中一项任务时，装接班成员作为工作班成员参加工作。

在运行的 10（20）kV 变电站、开关站、高供高计客户单独开展电能表校验、电压互感器二次压降测量、二次负荷测量等现场工作时，应使用《配电第二种工作票》。工作票由地市公司安监部与客户服务中心批准下文的工作票签发人签发，电气值班人员许可，由检验检测班成员担任工作负责人。

高压高计客户侧开展上述工作时，工作票实行双签发制度，由有权签发的用户单位、施工单位和供电单位签发，由客户电气值班人员许可，由检验检测班成员担任工作负责人。若客户无签发人，应委托供电企业或客户电气设备工程检修施工单位签发；若客户无许可人时，由签发工作票的施工单位的签发人指定有资格人员许可，或由供电企业工作票签发人指定有资格人员担任许可人。

（5）营销现场作业票。低压表计轮换、采集设备等批量带电装拆时，对同一天、同班组、同类型装置、同类型作业内容的集中区域，可使用同一张《电能表带电装（拆）作业票》，装拆清单应作为作业票的附件。作业票由供电企业签发，由装接班成员或业务外包单位人员担任工作负责人。

客户计量装置一、二次接线与外部电源存在电气连接，若不涉及互感器装拆的换表工作，应使用《电能表带电装（拆）作业票》，由供电企业签发，由装接班成员担任工作负责人；若涉及互感器装拆的，应使用《变电站（发电厂）第一种工作票》，不得使用《电能表带电装（拆）作业票》。

单独开展客户电能表现场校验时，应使用《电能表现场校验作业票》，由校验班成员担任工作负责人；若客户无签发人，应委托供电企业或客户电气设备工程检修施工单位签发。当现场校验仅是某项工作的其中一项任务时，《电能表现场校验作业票》应作为该项工作的分票，检验检测班成员作为工作班成员参加。

3. 工作票的填写与签发

（1）工作票通过公司生产管理系统（以下简称 PMS 系统）填写，原则上不使用手工填写。确因网络中断等特殊情况，可以手工填写，但票面应采用 PMS 系统中的格式，内容填写符合本规定，事后应在 PMS 系统中补票。工作票使用 A3 或 A4 纸印刷或打印。

工作票应实行编号管理。通过局域网传递的工作票，应有 PMS 系统认证的签名。

（2）工作票应使用黑色或蓝色的钢（水）笔或圆珠笔填写与签发，一式两份，内容应正确，填写应清楚，不得任意涂改。如有个别错、漏字需要修改，应使用规范的符号，字迹应清楚。工作票中时间、编号及设备名称、动词（如拉、合、拆、装等）、状态词（如合闸、分闸、热备用、冷备用等）等关键字不得涂改。

（3）用计算机生成或打印的工作票应使用统一的票面格式，由工作票签发人审核无误，手工或电子签名后方可执行。

工作票一份应保存在工作地点，由工作负责人收执；另一份由工作许可人收执，按值移交。工作许可人应将工作票的编号、工作任务、许可及终结时间记入登记簿。

（4）一张变电工作票中，工作许可人和工作负责人不得相互兼任，工作票签发人可兼任工作许可人或工作负责人。

一张线路工作票中，工作票签发人和工作许可人不得兼任工作负责人。

一张配电工作票中，工作票签发人、负责人和许可人三者不得互相兼任；工作许可人中只有现场工作许可人可兼工作负责人。

工作票签发人、工作许可人和工作负责人相互兼任时应具备相应资质并履行相应安全责任。

（5）工作票由工作负责人填写，也可以由工作票签发人填写。各级专职安监人员不应签发工作票。

（6）工作票由设备运维单位签发，也可由经设备运维单位审核合格且经批准的检修及基建单位签发。检修及基建单位的工作票签发人、工作负责人名单应事先送有关设备运维管理单位、调度控制中心备案。

（7）承发包工程中，工作票可实行"双签发"形式。签发工作票时，双方工作票签发人在工作票上分别签名，各自承担工作票签发人相应的安全责任。

（8）第一种工作票所列工作地点超过两个，或有两个及以上不同的工作单位（班组）在一起工作时，可采用总工作票和分工作票。总、分工作票应由同一个工作票签发人签发。总工作票上所列的安全措施应包括所有分工作票上所列的安全措施。几个班同时进行工作时，总工作票的工作班成员栏内，只填明各分工作票的负责人，不必填写全部工作人员姓名。分工作票上要填写工作班人员姓名。

总、分工作票在格式上与第一种工作票一致。

分工作票应一式两份，由总工作票负责人和分工作票负责人分别收执。分工作票的许可和终结，由分工作票负责人与总工作票负责人办理。分工作票必须在总工作票许可后才可许可；总工作票必须在所有分工作票终结后才可终结。

（9）供电单位或施工单位到用户变电站内施工时，工作票应由有权签发工作票的用户单位、施工单位或供电单位签发。

（10）事故紧急抢修单由抢修工作负责人（具备工作负责人资格）根据抢修布置人布置的抢修任务填写。

4. 工作票的使用

（1）一个工作负责人不能同时执行多张工作票，工作票上所列的工作地点，以一个电气连接部分为限。

所谓一个电气连接部分是指电气装置中，可以用隔离开关同其他电气装置分开的部分。

（2）一张工作票上所列的检修设备应同时停、送电，开工前工作票内的全部安全措施应一次完成。若至预定时间，一部分工作尚未完成，需继续工作而不妨碍送电者，在送电前，应按照送电后现场设备带电情况，办理新的工作票，布置好安全措施后，方可继续工作。

（3）若以下设备同时停、送电，可使用同一张工作票：

1）属于同一电压、位于同一平面场所，工作中不会触及带电导体的几个电气连接部分（在户外电气设备检修，如果满足同一段母线、位于同一平面场所、同时停送电，且是连续排列的多个间隔同时停电检修；在户内电气设备检修，如果满足同一电压、位于同一平面场所、同时停送电，且检修设备为有网门隔离或封闭式开关柜等结构，防误闭锁装置完善的多个间隔同时停电检修；某段母线停电，与该母线相连的位于同一平面场所、同时停送电的多个间隔停电检修）；

2）一台主变压器停电检修，其各侧断路器也配合检修，且同时停送电；

3）变电站全停集中检修。

（4）同一变电站内在几个电气连接部分上依次进行不停电的同一类型的工作，可以使用一张第二种工作票。

（5）在同一变电站内，依次进行的同一类型的带电作业可以使用一张带电作业工作票。

（6）需要变更工作班成员时，须经工作负责人同意。工作负责人必须向新进人员进行安全措施交底，新进人员在明确工作内容、人员分工、带电部位、安全措施和危险点，并在工作票上签名后方可参加工作。由工作负责人填写变动日期、时间及签名。非特殊情况不得变更工作负责人，如确需变更工作负责人应由工作票签发人同意并通知工作许可人，工作许可人将变动情况记录在工作票上。工作负责人允许变更一次。原、现工作负责人应对工作任务和安全措施进行交接，由原工作负责人告知全体工作人员。若工作票签发人不能到现场，由新工作负责人代签名。

（7）在原工作票的停电及安全措施范围内增加工作任务时，应由工作负责人征得工作票签发人和工作许可人同意，并在工作票上增填工作项目。若需变更或增设安全措施者应填用新的工作票，并重新履行签发许可手续。

（8）变更工作负责人或增加工作任务，如工作票签发人无法当面办理，应通过电话联系，并在工作票登记簿和工作票上注明。

（9）第一种工作票应在工作前一日送达运维人员，可直接送达或通过传真、局域网传送，但传真传送的工作票许可应待正式工作票到达后履行。临时工作（事故处理、24h 内需处理的缺陷）可在工作开始前直接交给工作许可人（运行部门）。

第二种工作票和带电作业工作票可在进行工作的当天预先交给工作许可人。

（10）工作票有破损不能继续使用时，应补填新的工作票，并重新履行签发许可手续。

5. 工作票的有效期与延期

（1）第一、二种工作票和带电作业工作票的有效时间，以批准的检修期为限。

（2）第一、二种工作票需办理延期手续，应在工期尚未结束以前由工作负责人向值班运维负责人提出申请（属于调控中心管辖、许可的检修设备，还应通过值班调控人员批准），由值班运维负责人通知工作许可人给予办理，由工作许可人在工作票上填写有效期延长时间并签名。第一、二种工作票只能延期一次。带电作业工作票不准延期。

6. 工作票所列人员的基本条件

（1）工作票签发人应是熟悉人员技术水平、熟悉设备情况、熟悉《安规》，并具有相关工作经验的生产领导人、技术人员或经本单位批准的人员。工作票签发人名单应公布。

（2）工作负责人（监护人）应是具有相关工作经验，熟悉设备情况和《安规》，经专业室（中心）批准的人员。工作负责人还应熟悉工作班成员的工作能力。

（3）工作许可人应是经专业室（中心）批准的有一定工作经验的运维人员或检修操作人员（进行该工作任务操作及做安全措施的人员）；用户变压器、配电站的工作许可人应是持有效证书的高压电气工作人员。

（4）专责监护人应是具有相关工作经验，熟悉设备情况和《安规》的人员。

7. 工作票所列人员的安全责任

（1）工作票签发人：

1）确认工作必要性和安全性；

2）确认工作票上所填安全措施是否正确完备；

3）确认所派工作负责人和工作班人员是否适当和充足。

（2）工作负责人（监护人）：

1）正确组织工作；

2）检查工作票所列安全措施是否正确完备，是否符合现场实际条件，必要时予以补充完善；

3）工作前，对工作班成员进行工作任务、安全措施、技术措施交底和危险点告知，并确认每个工作班成员都已签名；

4）组织执行工作票所列安全措施；

5）监督工作班成员遵守《安规》，正确使用劳动防护用品和安全工器具以及执行现场安全措施；

6）关注工作班成员身体状况和精神状态是否出现异常迹象，人员变动是否合适。

（3）工作许可人：

1）负责审查工作票所列安全措施是否正确、完备，是否符合现场条件；

2）工作现场布置的安全措施是否完善，必要时予以补充；

3）负责检查检修设备有无突然来电的危险；

4）对工作票所列内容即使发生很小疑问，也应向工作票签发人询问清楚，必要时应要求作详细补充。

（4）专责监护人：

1）确认被监护人员和监护范围；

2）工作前，对被监护人员交代监护范围内的安全措施，告知危险点和安全注意事项；

3）监督被监护人员遵守《安规》和现场安全措施，及时纠正被监护人员的不安全行为。

（5）工作班成员：

1）熟悉工作内容、工作流程，掌握安全措施，明确工作中的危险点，并在工作票上履行交底签名确认手续；

2）服从工作负责人（监护人）、专责监护人的指挥，严格遵守《安规》和劳动纪律，在确定的作业范围内工作，对自己在工作中的行为负责，互相关心工作安全。

3）正确使用施工器具、安全工器具和劳动防护用品。

三、工作许可制度

工作许可人在完成工作现场的安全措施后，还应完成以下手续，工作班方可开始工作：

（1）会同工作负责人到现场再次检查所做的安全措施，对具体的设备指明实际的隔离措施，证明检修设备确无电压。

（2）对工作负责人指明带电设备的位置和注意事项。

（3）和工作负责人在工作票上分别确认、签名。

运维人员不得变更有关检修设备的运行接线方式。工作负责人、工作许可人任何一方不得擅自变更安全措施，工作中如有特殊情况需要变更时，应先取得对方的同意并及时恢复。变更情况及时记录在值班日志内。

（4）变电站（发电厂）第二种工作票可采取电话许可方式，但应录音，并各自做好记录。采取电话许可的工作票，工作所需安全措施可由工作人员自行布置，工作结束后汇报工作许可人。

四、工作监护制度

工作许可手续完成后，工作负责人、专责监护人应向工作班成员交代工作内容、人员分工、带电部位和现场安全措施，进行危险点告知，并履行确认手续（在工作票上签名确认），工作班方可开始工作。工作负责人、专责监护人应始终在工作现场，对工作班人员的安全认真监护，及时纠正不安全的行为。

所有工作人员（包括工作负责人）不许单独进入、滞留在高压室、阀厅内和室外高压设备区内。

若工作需要（如测量极性、回路导通试验、光纤回路检查等），而且现场设备允许时，可以准许工作班中有实际经验的一个人或几人同时在它室进行工作，但工作负责人应在事前将有关安全注意事项予以详尽的告知。

工作负责人、专责监护人应始终在工作现场。

工作票签发人或工作负责人，应根据现场的安全条件、施工范围、工作需要等具体情况，增设专责监护人和确定被监护的人员。

专责监护人不得兼做其他工作。专责监护人临时离开时，应通知被监护人员停止工作或离开工作现场，待专责监护人回来后方可恢复工作。若专责监护人必须长时间离开工作现场时，应由工作负责人变更专责监护人，履行变更手续，并告知全体被监护人员。

工作期间，工作负责人若因故暂时离开工作现场时，应指定能胜任的人员临时代替，离开前应将工作现场交代清楚，并告知工作班成员。原工作负责人返回工作现场时，也应履行同样的交接手续。

若工作负责人必须长时间离开工作的现场时，应由原工作票签发人变更工作负责人履行变更手续，并告知全体工作人员及工作许可人。原、现工作负责人应做好必要的交接。

五、工作间断、转移和终结制度

（1）工作间断时，工作班人员应从工作现场撤出，所有安全措施保持不动，工作票仍由工作负责人执存，间断后继续工作，无需通过工作许可人。每日收工，应清扫工作地点，开放已封闭的通道，并电话告知工作许可人。若工作间断后所有安全措施和接线方式保持不变，工作票可由工作负责人执存。次日复工时，工作负责人应电话告知工作许可人，并重新认真检查安全措施是否符合工作票的要求。间断后继续工作，若无工作负责人或专责监护人带领，作业人员不得进入工作地点。

（2）在未办理工作票终结手续以前，任何人员不准将停电设备合闸送电。

在工作间断期间，若有紧急需要，运维人员可在工作票未交回的情况下合闸送电，但应先通知工作负责人，在得到工作班全体人员已经离开工作地点、可以送电的答复后方可执行，并应采取下列措施：

1）拆除临时遮栏、接地线和标示牌，恢复常设遮栏，换挂"止步，高压危险！"的标示牌；

2）应在所有道路派专人守候，以便告诉工作班人员"设备已经合闸送电，不得继续工作"。守候人员在工作票未交回以前，不得离开守候地点。

（3）检修工作结束以前，若需将设备试加工作电压，应按下列条件进行：

1）全体工作人员撤离工作地点；

2）将该系统的所有工作票收回，拆除临时遮栏、接地线和标示牌，恢复常设遮栏；

3）应在工作负责人和运维人员进行全面检查无误后，由运维人员进行加压试验。

工作班若需继续工作时，应重新履行工作许可手续。

（4）在同一电气连接部分用同一工作票依次在几个工作地点转移工作时，全部安全措施由运维人员在开工前一次做完，不需再办理转移手续。但工作负责人在转移工作地点时，应向工作人员交代带电范围、安全措施和注意事项。

（5）全部工作完毕后，工作班应清扫、整理现场。工作负责人应先周密地检查，待全体工作人员撤离工作地点后，再向运维人员交代所修项目、发现的问题、试验结果和存在问题等，并与运维人员共同检查设备状况、状态，有无遗留物件，是否清洁等，然后由工作负责人在工作票上填明工作结束时间。经双方签名后，表示工作终结。

待工作票上的临时遮栏已拆除，标示牌已取下，已恢复常设遮栏，未拆除的接地线、未拉开的接地刀闸等设备运行方式已汇报调控人员，工作票方告终结。

（6）只有在同一停电系统的所有工作票都已终结，并得到值班调控人员或运维负责人的许可指令后，方可合闸送电。

（7）已终结的工作票、事故紧急抢修单应保存1年。

六、动火工作的规定

1. 动火作业和动火作业票

动火作业，是指能直接或间接产生明火的作业，包括熔化焊接、切割、喷枪、喷灯、钻孔、打磨、锤击、破碎、切削等。

在重点防火部位或场所以及禁止明火区动火作业，应填用动火工作票，其方式有下列两种：

（1）填用（配电、变电站或线路）一级动火工作票。

（2）填用（配电、变电站或线路）二级动火工作票。

在一级动火区动火作业，应填用一级动火工作票。一级动火区，是指火灾危险性很大，发生火灾时后果很严重的部位、场所或设备。如油区和油库围墙内；油管道及与油系统相连的设备，油箱（除此之外的部位列为二级动火区域）；危险品仓库及汽车加油站、液化气站内；变压器、电压互感器、充油电缆等注油设备、蓄电池室（铅酸）；一旦发生火灾可能严重危及人身、设备和电网安全以及对消防安全有重大影响的部位。

在二级动火区动火作业，应填用二级动火工作票。二级动火区，是指一级动火区以外的所有防火重点部位、场所或设备及禁火区域，如油管道支架及支架上的其他管道；动火地点有可能火花飞溅落至易燃易爆物体附近；电缆沟道（竖井）内、隧道内、电缆夹层；调度室、控制室、通信机房、电子设备间、计算机房、档案室；一旦发生火灾可能危及人身、设备和电网安全以及对消防安全有影响的部位。

动火工作票不准代替设备停复役手续或检修工作票、工作任务单和事故紧急抢修单，并应在动火工作票上注明检修工作票、工作任务单和事故紧急抢修单的编号。

2. 动火工作票的填写与签发

动火工作票应使用黑色或蓝色的钢（水）笔或圆珠笔填写与签发，内容应正确、填写应清楚，不得任意涂改。如有个别错、漏字需要修改、补充时，应使用规范的符号，字迹应清楚。用计算机生成或打印的动火工作票应使用统一的票面格式，由工作票签发人审核无误，并手工或电子签名。

动火工作票一般至少一式三份，一份由工作负责人收执、一份由动火执行人收执、一份保存在安监部门（或具有消防管理职责的部门）（指一级动火工作票）或动火的专业室（中心）（指二级动火工作票）。若动火工作与运维有关，即需要运维人员对设备系统采取隔离、冲洗等防火安全措施者，还应增加一份交运维人员收执。

一级动火工作票由动火工作票签发人签发，专业室（中心）安监负责人、消防管理负责人审核，专业室（中心）分管生产的领导或技术负责人（总工程师）批准，必要时还应报当地地方公安消防部门批准。

二级动火工作票由动火工作票签发人签发，专业室（中心）安监人员、消防人员审核，专业室（中心）分管生产的领导或技术负责人（总工程师）批准。

动火工作票签发人不得兼任动火工作负责人。动火工作票的审批人、消防监护人不得签发动火工作票。

外单位到生产区域内动火时，动火工作票由设备运维管理单位签发和审批，也可由外单位和设备运维管理单位实行"双签发"。

3. 动火工作票的有效期

一级动火工作票的有效期为24h，二级动火工作票的有效期为120h。

动火作业超过有效期限，应重新办理动火工作票。

4. 动火工作票所列人员的基本条件

一、二级动火工作票签发人应是经本单位考试合格，并经本单位批准且公布的有关部门负责人、技术负责人或经本单位批准的其他人员。

动火工作负责人应是具备检修工作负责人资格并经专业室（中心）考试合格的人员。

动火执行人应具备有关部门颁发的资质证书。

5. 动火工作票所列人员的安全责任

动火工作票各级审批人员和签发人的安全责任：工作的必要性；工作的安全性；工作票上所填安全措施是否正确完备。

动火工作负责人的安全责任：正确安全地组织动火工作；负责检修应做的

安全措施并使其完善；向有关人员布置动火工作，交代防火安全措施，进行安全教育；始终监督现场动火工作；负责办理动火工作票开工和终结手续；在动火工作间断、终结时检查现场无残留火种。

运维许可人的安全责任：工作票所列安全措施是否正确完备，是否符合现场条件；动火设备与运行设备是否确已隔绝；向工作负责人现场交代运维所做的安全措施是否完善。

消防监护人的安全责任：负责动火现场配备必要、足够的消防设施；负责检查现场消防安全措施的完善和正确；测定或指定专人测定动火部位（现场）可燃性气体、易燃液体的可燃蒸汽含量是否合格；始终监视现场动火作业的动态，发现失火及时扑救；在动火工作间断、终结时检查现场无残留火种。

动火执行人的安全责任：动火前应收到经审核批准且允许动火的动火工作票；按本工种规定的防火安全要求做好安全措施；全面了解动火工作任务和要求，并在规定的范围内执行动火；在动火工作间断、终结时清理并检查现场无残留火种。

6. 动火作业安全防火要求

（1）有条件拆下的构件，如油管、阀门等应拆下来移至安全场所。

（2）可以采用不动火的方法代替而同样能够达到效果时，尽量采用替代的方法处理。

（3）尽可能地把动火时间和范围压缩到最低限度。

（4）凡盛有或盛过易燃易爆等化学危险物品的容器、设备、管道等生产、储存装置，在动火作业前应将其与生产系统彻底隔离，并进行清洗置换，检测可燃气体、易燃液体的可燃蒸汽含量合格后，方可动火作业。

（5）动火作业应有专人监护，动火作业前应清除动火现场及周围的易燃物品，或采取其他有效的防火安全措施，配备足够适用的消防器材。

（6）动火作业现场的通排风应良好，以保证泄漏的气体能顺畅排走。

（7）动火作业间断或终结后，应清理现场，确认无残留火种后，方可离开。

（8）下列情况禁止动火：

1）压力容器或管道未泄压前；

2）存放易燃易爆物品的容器未清理干净前或未进行有效置换前；

3）风力达 5 级以上的露天作业；

4）喷漆现场；

5）遇有火险异常情况未查明原因和消除前。

7. 动火工作的现场监护

（1）一级动火在首次动火时，各级审批人和动火工作票签发人均应到现场检查防火安全措施是否正确完备，测定可燃气体、易燃液体的可燃蒸汽含量是否合格，并在监护下作明火试验，确无问题后方可动火。

二级动火时，专业室（中心）分管生产的领导或技术负责人（总工程师）可不到现场。

（2）一级动火时，专业室（中心）分管生产的领导或技术负责人（总工程师）、消防（专职）人员应始终在现场监护。

二级动火时，专业室（中心）应指定人员，并和消防（专职）人员或指定的义务消防员始终在现场监护。

（3）一、二级动火工作在次日动火前应重新检查防火安全措施，并测定可燃气体、易燃液体的可燃蒸汽含量，合格方可重新动火。

（4）一级动火工作的过程中，应每隔 2～4h 测定一次现场可燃气体、易燃液体的可燃气体含量是否合格，当发现不合格或异常升高时应立即停止动火，在未查明原因或排除险情前不准动火。

动火执行人、监护人同时离开作业现场，间断时间超过 30min，继续动火前，动火执行人、监护人应重新确认安全条件。

一级动火作业，间断时间超过 2h，继续动火前，应重新测定可燃气体、易燃液体的可燃蒸汽含量，合格后方可重新动火。

8. 动火工作的终结

动火工作完毕后，动火执行人、消防监护人、动火工作负责人和运维许可人应检查现场有无残留火种，是否清洁等。确认无问题后，在动火工作票上填明动火工作结束时间，经四方签名后（若动火工作与运维无关，则三方签名即可），盖上"已终结"印章，动火工作方告终结。

动火工作终结后，工作负责人、动火执行人的动火工作票应交给动火工作票签发人，签发人将其中一份交专业室（中心）。

动火工作票至少应保存 1 年。

第二节　保证安全的技术措施

在电气设备和线路（包括配电设备和线路）上工作，保证安全的技术措施包括停电、验电、接地、使用个人保安线（在电力线路上）、悬挂标示牌和装设遮栏（围栏）。上述措施由运维人员或有权执行操作的人员执行。

一、停电

工作地点，应停电的设备和线路如下：

（1）检修的设备或线路。

（2）与工作人员在进行工作中正常活动范围的距离小于表 1-2 规定的运行设备或线路。

（3）在 35kV 及以下的设备处工作，安全距离虽大于表 1-2 规定，但小于表 1-1 规定，且无绝缘隔板、安全遮栏措施的设备。

（4）带电部分在工作人员后面、两侧、上下，且无可靠安全措施的设备。

（5）断开危及线路停电作业安全，且不能采取相应安全措施的交叉跨越、平行或同杆（塔）架设线路。

（6）有可能从低压侧向高压侧反送电的设备。

（7）工作地段内有可能反送电的各分支线（包括用户）。

（8）其他需要停电的设备或线路。

检修设备、线路停电，应把各方面的电源完全断开（任何运行中的星形接线设备的中性点，应视为带电设备）。

禁止在只经断路器断开电源的设备上工作。

停电时应拉开隔离开关，手车开关应拉至试验或检修位置，使停电的设备和线路各端都有明显的断开点，若无法观察到停电设备、线路的断开点，应有能够反映设备、线路运行状态的电气和机械等指示。无明显断开点也无电气机械等指示时，应断开上一级电源。与停电设备有关的变压器和电压互感器，应将设备各侧断开，防止向停电检修设备反送电。

检修设备和可能来电侧的断路器、隔离开关应断开控制电源和合闸电源，隔离开关操作把手应锁住，确保不会误送电。

对难以做到与电源完全断开的检修线路、设备，可以拆除其与电源之间的电气连接。

二、验电

验电时，应使用相应电压等级且合格的接触式验电器或验电笔，在装设接地线或合接地刀闸处对各相分别验电。架空配电线路和高压设备验电应有人监护。

高压验电前，应先在有电设备上进行试验，确证验电器良好；无法在有电设备上进行试验时可用工频高压发生器等确证验电器良好。

低压验电前应先在低压有电部位上试验，以验证验电器或测电笔良好。

高压验电应戴绝缘手套。验电器的伸缩式绝缘棒长度应拉足，验电时手应握在手柄处不得超过护环，人体应与验电设备保持表 1-1 中规定的距离。雨雪天气时不得对变电设备进行室外直接验电；若直接对配电设备验电，应使用雨雪型验电器，并戴绝缘手套。

对无法进行直接验电的设备和雨雪天气时的户外设备，可以进行间接验电，即通过设备的机械指示位置、电气指示、带电显示装置、仪表及各种遥测、遥信等信号的变化来判断。判断时，至少应有两个非同样原理或非同源的指示发生对应变化，且所有这些确定的指示均已同时发生对应变化，才能确认该设备已无电。以上检查项目应填写在操作票中作为检查项。检查中若发现其他任何信号有异常，均应停止操作，查明原因。若进行遥控操作，可采用上述的间接方法或其他可靠的方法进行间接验电。

330kV 及以上的电气设备，可采用间接验电方法进行验电。

表示设备断开和允许进入间隔的信号、经常接入的电压表等，如果指示有电，在排除异常情况前，禁止在设备上工作。

三、接地（使用个人保安线）

（1）装设接地线应由两人进行（经批准可以单人装设接地线的项目及运维人员除外）。

（2）当验明设备确已无电压后，应立即将检修设备接地并三相短路。电缆及电容器接地前应逐相充分放电，星形接线电容器的中性点应接地，串联电容器及与整组电容器脱离的电容器应逐个多次放电，装在绝缘支架上的电容器外壳也应放电。

（3）对于可能送电至停电设备的各方面都应装设接地线或合上接地刀闸，所装接地线与带电部分应考虑接地线摆动时仍符合安全距离的规定。

（4）对于因交叉跨越、平行或邻近带电设备、线路导致检修设备或线路可能产生感应电压时，应加装接地线或使用个人保安线，加装（拆除）的接地线应记录在工作票上，个人保安线由作业人员自行装拆。

（5）在门型构架的线路侧进行停电检修，如工作地点与所装接地线的距离小于 10m，工作地点虽在接地线外侧，也可不另装接地线。

（6）检修部分若分为几个在电气上不相连接的部分（如分段母线以隔离开关或断路器隔开分成几段），则各段应分别验电接地短路。降压变电站全部停电时，应将各个可能来电侧的部分接地短路，其余部分不必每段都装设接地线或合上接地刀闸。

（7）接地线、接地刀闸与检修设备之间不得连有断路器或熔断器。若由于设备原因，接地刀闸与检修设备之间连有断路器，在接地刀闸和断路器合上后，应有保证断路器不会分闸的措施。

（8）在配电装置上，接地线应装在该装置导电部分的规定地点，这些地点的油漆应刮去，并划有黑色标记。所有配电装置的适当地点，均应设有与接地网相连的接地端，接地电阻应合格。接地线应采用三相短路式接地线，若使用分相式接地线时，应设置三相合一的接地端。

（9）装设接地线应先接接地端，后接导体端，接地线应接触良好，连接应可靠。拆接地线的顺序与此相反。装、拆接地线均应使用绝缘棒和戴绝缘手套。人体不得碰触接地线或未接地的导线，以防止触电。带接地线拆设备接头时，应采取防止接地线脱落的措施。

（10）成套接地线应用有透明护套的多股软铜线，且高压接地线的截面不得小于 $25mm^2$，低压接地线和个人保安线的截面积不得小于 $16mm^2$。同时应满足装设地点短路电流的要求。

禁止使用其他导线作接地线或短路线。

接地线应使用专用的线夹固定在导体上，禁止用缠绕的方法进行接地或短路。

（11）禁止工作人员擅自移动或拆除接地线。高压回路上的工作，必须要拆除全部或一部分接地线后始能进行工作者（如测量母线和电缆的绝缘电阻，测量线路参数，检查断路器触头是否同时接触），如：

1）拆除一相接地线；

2）拆除接地线，保留短路线；

3）将接地线全部拆除或拉开接地刀闸。

上述工作应征得运维人员的许可（根据调控人员指令装设的接地线，应征得调控人员的许可），方可进行。工作完毕后立即恢复。

（12）每组接地线均应编号，并存放在固定地点。存放位置亦应编号，接地线号码与存放位置号码应一致。

（13）装、拆接地线，应做好记录，交接班时应交代清楚。

四、悬挂标示牌和装设遮栏（围栏）

（1）在一经合闸即可送电到工作地点的断路器和隔离开关及跌落式熔断器的操作处，均应悬挂"禁止合闸，有人工作！"的标示牌。

如果线路上有人工作，应在线路断路器和隔离开关及跌落式熔断器的操作处悬挂"禁止合闸，线路有人工作！"的标示牌。

对由于设备原因，接地刀闸与检修设备之间连有断路器，在接地刀闸和断路器合上后，在断路器操作把手上，应悬挂"禁止分闸！"的标示牌。

在显示屏上进行操作的断路器和隔离开关的操作处均应相应设置"禁止合闸，有人工作！"或"禁止合闸，线路有人工作！"以及"禁止分闸！"的标记。

（2）部分停电的工作，安全距离小于表 1-1 规定距离以内的未停电设备，应装设临时遮栏，临时遮栏与带电部分的距离不得小于表 1-2 的规定数值，临时遮栏可用干燥木材、橡胶或其他坚韧绝缘材料制成，装设应牢固，并悬挂"止步，高压危险！"的标示牌。

35kV 及以下设备的临时遮栏，如因工作特殊需要，可用绝缘隔板与带电部分直接接触。绝缘隔板的绝缘性能应符合要求。

（3）在室内高压设备上工作，应在工作地点两旁及对面运行设备间隔的遮栏（围栏）上和禁止通行的过道遮栏（围栏）上悬挂"止步，高压危险！"的标示牌。

（4）高压开关柜内手车开关拉出后，隔离带电部位的挡板封闭后禁止开启，并设置"止步，高压危险！"的标示牌。

（5）在室外高压设备上工作，应在工作地点四周装设围栏，其出入口要围至临近道路旁边，并设有"从此进出！"的标示牌。工作地点四周围栏上悬挂适当数量的"止步，高压危险！"标示牌，标示牌应朝向围栏里面。若室外配电装置的大部分设备停电，只有个别地点保留有带电设备而其他设备无触及带电导体的可能时，可以在带电设备四周装设全封闭围栏，围栏上悬挂适当数量的"止步，高压危险！"标示牌，标示牌应朝向围栏外面。

禁止越过围栏。

（6）在工作地点设置"在此工作！"的标示牌。

（7）在室外构架上工作，则应在工作地点邻近带电部分的横梁上，悬挂"止步，高压危险！"的标示牌。在工作人员上下铁架或梯子上，应悬挂"从此上下！"的标示牌。在邻近其他可能误登的带电构架上，应悬挂"禁止攀登，高压危险！"的标示牌。

（8）禁止工作人员擅自移动或拆除遮栏（围栏）、标示牌。因工作原因必须短时移动或拆除遮栏（围栏）、标示牌，应征得工作许可人同意，并在工作负责人的监护下进行。完毕后应立即恢复。

第三章　作业安全风险辨识评估与控制

第一节　概　　述

本节依据国家电网公司发布的《安全风险管理工作基本规范（试行）》和《生产作业风险管控工作规范（试行）》，阐述作业项目安全风险控制的职责与分工、计划编制、作业组织、现场实施、检查与改进等要求，以对作业安全风险实施超前分析和流程化控制，形成"流程规范、措施明确、责任落实、可控在控"的安全风险管控机制。

一、风险管控流程

作业项目安全风险管控流程包括风险辨识、风险评估、风险预警、风险控制、检查与改进等环节。

1. 风险辨识

风险辨识是指辨识风险的存在并确定其特性的过程。风险辨识包括静态风险辨识、动态风险辨识和作业项目风险辨识。

（1）静态风险辨识。静态风险辨识是依据国家电网公司发布的《供电企业安全风险评估规范》（简称《评估规范》）等事先拟好的检查清单对现场风险因素进行辨识并制定风险控制措施，为风险评估、风险控制提供基础数据。主要开展三个方面的工作：设备、环境的风险辨识，人员素质及管理的风险辨识，风险数据库的建立与应用。

1）设备、环境的风险辨识：依据《评估规范》第1、2章，有计划、有目的地开展设备、环境、工器具、劳动防护以及物料等静态风险的辨识，找出存在的危险因素。

2）人员素质及管理的风险辨识：依据《评估规范》第3、5章，可进行自查，也可由专家组或专业第三方机构对人员素质和安全生产综合管理开展周期性的辨识，查找影响安全的危险因素。

3）风险数据库的建立与应用：采用信息化手段，建立风险数据库，对风险辨识结果实行动态维护，保证数据真实、完整，便于实际应用。

（2）动态风险辨识。动态风险辨识是对照作业安全风险辨识范本对作业过程中的风险因素进行辨识，并制定风险控制措施。

（3）作业项目风险辨识。作业安全风险辨识范本参照国家电网公司发布的《供电企业作业风险辨识防范手册》编制，是以标准化作业流程为依据，指导作业人员辨识作业过程中的风险，并明确其典型控制措施的参考规范。

作业项目风险辨识一般采用三维辨识法对整个项目所包含的风险因素进行辨识，并制定风险控制措施。三维辨识法是指对照作业安全风险辨识范本辨识作业过程中的动态风险、查看作业安全风险库辨识作业过程中的静态风险、现场勘察确认的一种风险辨识方法。

作业安全风险库是由作业安全风险事件组成，风险事件由对现场各类风险进行辨识、评估所得。

2. 风险评估

风险评估是指对事故发生的可能性和后果进行分析与评估，并给出风险等级的过程。

静态风险评估一般采用 LEC 法，动态风险评估一般采用 PR 法。风险等级分为一般、较大、重大三级。

作业项目风险评估依据企业制定的作业项目风险评估标准进行评估，风险等级一般分为 1～8 级。

（1）LEC 法。LEC 法是根据风险发生的可能性、暴露在生产环境下的频度、导致后果的严重性，针对静态风险所采取的一种风险评估方法，即 $D=LEC$，式中 D 为风险值。

L 为发生事故的可能性大小。当用概率来表示事故发生的可能性大小时，绝对不可能发生的事故概率为 0；而必然发生的事故概率为 1。然而，从系统安全角度考察，绝对不发生事故是不可能的，所以人为地将发生事故的可能性极小的分数定为 0.1，而必然发生的事故分数定为 10，各种情况的分数如表 3-1 所示。

表 3-1　　　　　　　　　　事故发生的可能性（L）

事故发生的可能性（发生的概率）	分数值
完全可能预料（100%可能）	10

续表

事故发生的可能性（发生的概率）	分数值
相当可能（50%可能）	6
可能，但不经常（25%可能）	3
可能性小，完全意外（10%可能）	1
很不可能，可以设想（1%可能）	0.5
极不可能（小于1%可能）	0.1

E 为暴露于危险的频繁程度。人员出现在危险环境中的时间越多，则危险性越大。将连续出现在危险环境的情况定为10，非常罕见地出现在危险环境中定为0.5，介于两者之间的各种情况规定若干个中间值，如表3-2所示。

表3-2　　　　　　　　　　　暴露于危险环境频度（E）

暴露频度	分数值
持续（每天多次）	10
频繁（每天一次）	6
有时（每天一次～每月一次）	3
较少（每月一次～每年一次）	2
很少（50年一遇）	1
特少（100年一遇）	0.5

C 为发生事故的严重性。事故所造成的人身伤害或电网损失的变化范围很大，所以规定分数值为1～100，将仅需要救护的伤害及设备或电网异常运行的分数定为1，将可能造成特大人身、设备、电网事故的分数定为100，其他情况的数值定为1～100之间，如表3-3所示。

表3-3　　　　　　　　　　　发生事故的严重性（C）

分数值	后果	
	人身	电网设备
100	可能造成特大人身死亡事故者	可能造成特大设备事故者；可能引起特大电网事故者
40	可能造成重大人身死亡事故者	可能造成重大设备事故者；可能引起重大电网事故者
15	可能造成一般人身死亡事故或多人重伤者	可能造成一般设备事故者；可能引起一般电网事故者
7	可能造成人员重伤事故或多人轻伤事故者	可能造成设备一类障碍者；可能造成电网一类障碍者
3	可能造成人员轻伤事故者	可能造成设备二类障碍者；可能造成电网二类障碍者
1	仅需要救护的伤害	可能造成设备或电网异常运行

风险值 D 计算出后，关键是如何确定风险级别的界限值，而这个界限值并不是长期固定不变。在不同时期，企业应根据其具体情况来确定风险级别的界限值。表 3-4 可作为确定风险程度的风险值界限的参考标准。

表 3-4　　　　　　　　　　风险程度与风险值的对应关系

风险程度	风险值
重大风险	$D \geqslant 160$
较大风险	$70 \leqslant D < 160$
一般风险	$D < 70$

（2）PR 法。PR 法是根据风险发生的可能性、导致后果的严重性，针对动态风险所采取的一种风险评估方法。

P 值代表事故发生的可能性（possible），即在风险已经存在的前提下，发生事故的可能性。按照事故的发生率将 P 值分为四个等级，如表 3-5 所示。

表 3-5　　　　　　　　　　可能性定性定量评估标准表（P）

级别	可能性	含义
4	几乎肯定发生	事故非常可能发生，发生概率在 50% 以上
3	很可能发生	事故很可能发生，发生概率在 10%～50%
2	可能发生	事故可能发生，发生概率在 1%～10%
1	发生可能性很小	事故仅在例外情况下发生，发生概率在 1% 以下

R 值代表后果严重性（result），即此风险导致事故发生之后，对人身、电网或设备造成的危害程度。根据《国家电网公司安全事故调查规程》的分类，将 R 值分为特大、重大、一般、轻微四个级别，如表 3-6 所示。

表 3-6　　　　　　　　　　严重性定性定量评估标准表（R）

级别	后果	严重性	
		人身	电网设备
4	特大	可能造成重大及以上人身死亡事故者	可能造成重大及以上设备事故者；可能引起重大及以上电网事故者
3	重大	可能造成一般人身死亡事故或多人重伤者	可能造成一般设备事故者；可能引起一般电网事故者
2	一般	可能造成人员重伤事故或多人轻伤事故者	可能造成设备一、二类障碍者；可能造成电网一、二类障碍者
1	轻微	仅需要救护的伤害	可能造成设备或电网异常运行

　　将表 3-5 和表 3-6 中的可能性和严重性结合起来，就得到用重大、较大、一般表示的风险水平描述，如图 3-1 所示。

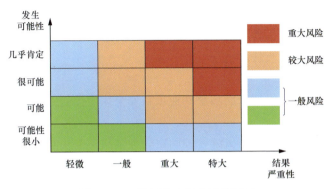

图 3-1　PR 法风险水平描述坐标图

　　（3）作业项目风险评估。作业项目风险评估指针对某一类作业项目，综合考虑其技术难度、对电网的影响程度、发生事故的可能性和后果等因素，在对项目风险进行风险辨识后，依据作业项目风险评估标准划定作业项目的整体风险等级。

　　3. 风险预警

　　风险预警是指对可能发生人身伤害事故和由人员责任导致的电网和设备事故的作业安全风险实行安全预警。

　　风险预警实行分类、分级管理，形成以单位、专业室（中心）、班组为主体的风险预警管理体系。

　　较大及以上等级的检修、倒闸操作作业项目风险应形成作业风险预警通知单，经过审核、批准后，由项目主管职能部门发布。

　　专业室（中心）接到风险预警后，细化预控措施，并布置落实。同时，专业室（中心）负责将落实情况反馈至主管职能部门。

　　4. 风险控制

　　风险控制是指采取预防或控制措施将风险降低到可接受的程度。

　　静态风险采用消除、隔离、防护、减弱等控制方法。动态风险利用作业安全风险控制措施卡、标准化作业指导书、工作票、操作票等安全组织、技术措施及安全措施进行现场风险控制。

　　作业安全风险控制措施卡是将辨识出的风险进行评估整理后，与工作票（或操作票）、标准化作业指导书配合使用的控制作业现场风险的载体。

5. 检查与改进

风险管控实施动态闭环过程管理，实现作业风险管控的持续改进。

二、职责与分工

按照管理职责和工作特点，不同管理层次负责控制不同程度和类型的安全风险，逐级落实安全责任。

1. 省公司级单位

省公司分管副总经理全面部署作业项目安全风险控制工作，定期检查、指导风险控制工作开展。

安监部是作业项目安全风险管控归口管理部门，牵头制定作业项目安全风险辨识评估与控制管理制度；监督、指导开展作业项目安全风险控制工作。

相关部门按照"谁主管、谁负责"的原则，负责指导专业范围内的变电运行、变电检修、输电检修、配电检修和电网调度专业的作业安全风险辨识评估与控制相关工作；协调安全风险控制现场出现的安全、技术问题。

2. 地市公司级单位

地市公司分管领导批准重大风险作业项目的风险评估结果，落实解决资金来源，及时协调风险控制过程中出现的问题。

安监部是作业项目安全风险管控归口管理部门，制定作业项目安全风险辨识评估与控制管理制度；监督、指导作业项目安全风险辨识评估与控制工作；审核较大及以上作业项目的风险评估结果；监督风险预警控制措施落实。

调控中心分析电网运行方式和系统稳定，明确电网运行方式存在的风险和电网风险控制措施等内容；监督、指导运维检修、营销和相关部门落实电网风险预控措施。

运维检修部门组织召开检修计划协调会，审查计划必要性、可行性和合理性；策划、落实检修、倒闸操作作业项目安全风险辨识评估与控制工作，审核较大及以上作业项目的风险评估结果；监督检查电网风险和检修、倒闸操作作业风险控制措施落实情况；协调现场风险控制过程中出现的问题。

基建部门审核较大及以上风险相关专业作业项目的风险评估结果，协调风险控制过程中出现的问题。

营销部门（客户服务中心）落实电网风险相关控制措施，协调风险控制过程中出现的问题，并将控制措施落实情况反馈给调控中心。

专业室（中心）开展作业项目安全风险辨识评估工作，审核一般及以上风险作业项目的风险评估结果；开展班组安全承载能力分析，组织实施作业项目安全风险控制，重点控制现场人身伤害、设备损坏、电网故障等风险，并反馈控制措施落实情况；负责年度、季度、月度、周检修计划的编制，检修任务的安排，现场勘察的组织，风险预警措施的落实。

3. 县公司级单位

县公司分管领导组织落实作业项目安全风险评估与控制工作，及时协调风险控制过程中出现的问题。

相关责任部门监督、指导作业项目安全风险辨识评估与控制工作；组织开展作业项目安全风险辨识评估工作，审核一般及以上风险作业项目的风险评估结果；监督风险预警控制措施落实。

专业室（中心）开展作业项目安全风险辨识评估工作；开展班组安全承载能力分析，组织实施作业项目安全风险控制，重点控制现场人身伤害、设备损坏、电网故障等风险，并反馈控制措施落实情况；负责年度、季度、月度、周检修计划的编制，检修任务的安排，现场勘察的组织，风险预警措施的落实。

4. 班组及相关人员

生产班组负责生产作业风险控制的执行，做好人员安排、任务分配、资源配置、安全交底、工作组织等风险管控。

工作票签发人、工作负责人、工作许可人、值班运维负责人、操作监护人等是生产作业风险管控现场安全和技术措施的把关人，负责风险管控措施的落实和监督。

作业人员是生产作业风险控制措施的现场执行人，应明确现场作业风险点，熟悉和掌握风险管控措施，避免人身伤害和人员责任事故的发生。

到岗到位人员负责监督检查方案、预案、措施的落实和执行，协调和指导生产作业风险管理的改进和提升。

三、作业组织与实施风险管控

地市公司级单位作业风险管控流程如图 3-2 所示。

1. 作业组织控制措施与要求

作业组织主要风险包括任务安排不合理、人员安排不合适、组织协调不力、资源配置不符合要求、方案措施不全面、安全教育不充分等。

风险管控的主要措施与要求：

（1）任务安排要严格执行月、周工作计划，系统考虑人、材、物的合理调配，综合分析时间与进度、质量、安全的关系，合理布置日工作任务，保证工作顺利完成。

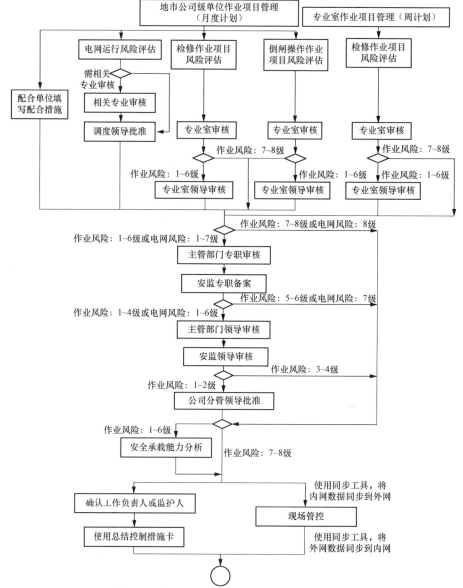

图 3-2 地市公司级单位作业风险管控流程图

（2）人员安排要开展班组承载力分析，合理安排作业力量。工作负责人胜任工作任务，作业人员技能符合工作需要，管理人员到岗到位。

（3）组织协调停电手续办理，落实动态风险预警措施，做好外协单位或其他配合单位的联系工作。

（4）资源调配满足现场工作需要，提供必要的设备材料、备品备件、车辆、机械、作业机具及安全工器具等。

（5）开展现场勘察，填写现场勘察单，明确需要停电的范围，保留的带电部位，作业现场的条件、环境及其他作业风险。

（6）方案制定科学严谨。根据现场勘察情况组织制定施工"三措"（组织措施、技术措施、安全措施）、作业指导书，有针对性和可操作性。危险性、复杂性和困难程度较大的作业项目工作方案，应经本单位批准后结合现场实际执行。

（7）组织方案交底。组织工作负责人等关键岗位人员、作业人员（含外协人员）、相关管理人员进行交底，明确工作任务、作业范围、安全措施、技术措施、组织措施、作业风险及管控措施。

2. 作业安全风险库的建立与维护

生产班组负责根据《评估规范》，查找管辖范围内的危险因素，明确风险所在的地点和部位，对风险等级进行初评，形成风险事件并上报专业室（中心）。专业室（中心）负责对生产班组上报的风险事件进行审核、复评。一般、较大风险事件，由专业室（中心）在作业安全风险库中发布。重大风险事件，由专业室（中心）上报单位相关职能部门和安监部门，相关职能部门会同安监部门对重大风险审核确认后在作业安全风险库中发布。

作业安全风险库应及时导入日常安全生产和管理（如日常检查、专项检查、隐患排查、安全性评价等）中新发现的风险。职能部门每年组织专家，依据《评估规范》进行专项风险辨识，补充、完善作业安全风险库中相关风险事件。对风险事件的新增、消除和风险等级的变更等维护工作仍遵循逐级审核、发布的原则。

作业安全风险库模板如表 3-7 所示。

表 3-7　　　　　　　　　作业安全风险库模板

序号	地点	部位	风险描述	作业类别	伤害方式	可能性	频度	严重性	风险值	风险等级	控制措施	填报单位	发布时间

作业安全风险库包括地点、部位、风险描述、作业类别、伤害方式、风险值、控制措施和填报单位和发布时间等内容，其含义如下：

（1）地点是指风险所在的变电站、高压室、配电站或线路。

（2）部位是指风险所在的间隔、设备或线段。

（3）风险描述是指风险可能导致事故的描述。

（4）作业类别包括变电运维、变电检修、输电运检、电网调度、配网运检五种。一个风险可对应多个作业类别。

（5）伤害方式一般包括触电、高处坠落、物体打击、机械伤害、误操作、交通事故、火灾、中毒、灼伤、动物伤害十种伤害方式。一个风险可对应多个伤害方式。

（6）风险值一般采用 LEC 法分析所得。

（7）控制措施是根据风险特点和专业管理实际所制定的技术措施或组织措施。

（8）填报单位是上报并跟踪管理的单位或部门。

（9）发布时间是经审核批准后公开发布该风险的时间。

3. 作业项目风险等级评估

作业项目风险等级评估指针对某一类作业项目，综合考虑其技术难度、对电网的影响程度、发生事故的可能性和后果等因素，在对项目风险进行风险辨识后，依据作业项目风险评估标准划定作业项目的整体风险等级。

运检部门负责根据月度计划创建作业项目并下达到调控中心、配合单位和检修、运行专业室（中心）。作业项目的创建原则：一般以单条月度工作计划为一个作业项目；对于关联度较高的几条月度工作计划，可以合并成一个作业项目。

地市公司月度计划（周计划）均需进行电网风险评估。电网风险 8 级（1～29 分），由调控中心领导审核；电网风险 7 级（30～39 分），由主管部门专责审核；电网风险 1～6 级（40～100 分），由主管部门领导审核、公司领导批准。作业项目风险 7～8 级（1～39 分），专业室（中心）专责审核后直接执行；作业项目风险 5～6 级（40～59 分），主管部门专责审核后执行；作业项目风险 3～4 级（60～79 分），主管部门领导审核后执行；作业项目风险 1～2 级（80～100分），公司领导批准后执行。

专业室（中心）内部计划无需进行电网风险评估。作业项目风险 7～8 级（1～39 分），专业室（中心）专责审核后直接执行；作业项目风险 5～6 级（40～59 分），主管部门专责审核后执行；作业项目风险 3～4 级（60～79 分），主管部门领导审核后执行；作业项目风险 1～2 级（80～100 分），公司领导批准后执行。

县级公司周计划均需进行电网风险评估。电网风险 8 级（1～29 分），由供电所领导审核；电网风险 1～7 级（30～100 分），由主管部门领导审核、公司领导批准。作业项目风险 7～8 级（1～39 分），供电所领导审核后直接执行；作业项目风险 5～6 级（40～59 分），主管部门专责审核后执行；作业项目风险 3～4 级（60～79 分），主管部门领导审核后执行；作业项目风险 1～2 级（80～100 分），公司领导批准后执行。

4. 现场实施主要风险及控制措施与要求

现场实施主要风险包括电气误操作、继电保护"三误"（误碰、误整定、误接线）、触电、高处坠落、机械伤害等。

现场实施风险控制的主要措施与要求：

（1）作业人员作业前经过交底并掌握方案。

（2）危险性、复杂性和困难程度较大的作业项目，作业前必须开展现场勘察，填写现场勘察单，明确工作内容、工作条件和注意事项。

（3）严格执行操作票制度。解锁操作应严格履行审批手续，并实行专人监护。接地线编号与操作票、工作票一致。

（4）工作许可人应根据工作票的要求在工作地点或带电设备四周设置遮栏（围栏），将停电设备与带电设备隔开，并悬挂安全警示标示牌。

（5）严格执行工作票制度，正确使用工作票、动火工作票、二次安全措施票和事故应急抢修单。

（6）组织召开开工会，交代工作内容、人员分工、带电部位和现场安全措施，告知危险点及防控措施。

（7）安全工器具、作业机具、施工机械检测合格，特种作业人员及特种设备操作人员持证上岗。

（8）对多专业配合的工作要明确总工作协调人，负责多班组各专业工作协调；复杂作业、交叉作业、危险地段、有触电危险等风险较大的工作要设立专责监护人员。

（9）操作接地是指改变电气设备状态的接地，由操作人员负责实施，严禁检修工作人员擅自移动或拆除。工作接地是指在操作接地实施后，在停电范围内的工作地点，对可能来电（含感应电）的设备端进行的保护性接地，由检修人员负责实施，并登录在工作票上。

（10）严格执行安全规程及现场安全监督，不走错间隔，不误登杆塔，不擅自扩大工作范围。

（11）全部工作完毕后，拆除临时接地线、个人保安接地线，恢复工作许可前设备状态。

（12）根据具体工作任务和风险度高低，相关生产现场领导和管理人员到岗到位。

5. 安全承载能力分析

作业项目负责人根据经审核、批准的作业项目风险评估结果开展班组安全承载能力分析。若安全承载能力无法满足作业项目风险等级，则及时调整人员安排和装备配置，直到安全承载能力与作业项目风险等级相匹配。

班组安全承载能力分析内容包括班组成员的技能等级、工作经验、安全积分，以及班组生产装备和安全工器具的匹配程度。

技能等级是依据个人所取得的员工安全技术等级确定，可与人员安全信息库中的数据匹配后自动生成。工作经验的分值由各单位依据员工实际情况定期发文公布，可与人员安全信息库中的数据匹配后自动生成。安全积分依据个人安全积分情况确定，可与人员安全信息库中的数据匹配后自动生成。

生产装备和安全工器具的匹配程度，需要评估人员按照实际情况进行评估。

作业项目风险等级与安全承载能力分析评估得分的要求：1 级风险作业的评估得分必须大于 90 分；2 级风险作业的评估得分必须大于 85 分；3 级风险作业的评估得分必须大于 80 分；4 级风险作业的评估得分必须大于 75 分；5 级风险作业的评估得分必须大于 70 分；6 级风险作业的评估得分必须大于 65 分；7、8 级风险作业的评估得分必须大于 60 分。

6. 作业安全风险控制措施卡的使用

作业安全风险控制措施卡（简称控制措施卡）使用的一般要求：

（1）在开展现场作业前，由工作负责人查看作业项目风险评估结果并打印控制措施卡，必要时可补充、完善控制措施卡中的安全风险和控制措施。

（2）依据控制措施卡对现场作业存在的风险进行控制。控制措施卡在使用过程中遇到现场风险因素变更时，工作负责人（或值长）应将变更的危险因素填入控制措施卡，并制定、落实控制措施，必要时报请单位及相关职能部门批准后执行。

（3）及时总结控制措施卡执行情况。

7. 应急处置

针对现场具体作业项目编制风险失控现场处置方案。组织作业人员学习并掌握现场处置方案。现场工作人员应定期接受培训，学会紧急救护法，会正确解脱电源，会心肺复苏法，会转移搬运伤员等。

第二节 作业安全风险辨识与控制

一、业扩查勘作业

表 3-8　　　　　　　　　　业扩查勘作业安全风险辨识内容与典型控制措施

序号	辨识项目	辨识内容	典型控制措施
1	现场勘察	（1）查看带电设备时，安全措施不到位，安全距离不满足，误碰带电设备，造成人身伤害、设备损坏	1）现场查看负责人应具备单独巡视电气设备资格； 2）进入带电设备区现场勘察工作至少两人共同进行，实行现场监护； 3）勘查人员应掌握带电设备的位置，与带电设备保持足够安全距离，注意不要误碰、误动、误登运行设备
		（2）误入运行设备区域、客户生产危险区域，造成人身伤害	工作人员应在客户电气工作人员的带领下进入工作现场，并在规定的工作范围内工作，应清楚了解现场危险点、安全措施等情况
		（3）擅自操作用户设备。导致用户设备的损坏，危及勘查人员的人身安全	1）不得替代用户进行现场设备操作； 2）确需操作的，必须由用户专业人员进行
		（4）对客户的特殊负荷识别不准确，影响电网安全稳定运行和客户的正常用电；影响公用电网的电能质量	1）提高业扩查勘质量，严格审核客户用电需求、负荷特性、负荷重要性、生产特性、用电设备类型等，掌握客户用电规划； 2）全面、详细了解客户的生产过程和工艺，掌握客户的负荷特性。根据客户负荷等级分类，严格按照《供电营业规则》、《国家电网公司业扩供电方案编制导则》等相关规定执行； 3）对有非线性负荷的客户要求其进行电能质量评估，整治方案和措施必须做到"四同步"
2	中间检查	（1）对隐蔽工程实施检查时，对高处落物、地面孔（洞）及锐物等危险点防护不到位，造成人身伤害	1）进入客户设备运行区域，必须穿工作服、戴安全帽，携带必要照明器材； 2）需攀登梯子时，要落实防坠落措施，并在有效的监护下进行； 3）注意观察现场孔（洞）及锐物，人员相互提醒，防止踏空、扎伤； 4）不得在高处落物区通行或逗留
		（2）误碰带电设备触电；误入运行设备区域触电、客户生产危险区域	1）中间检查工作至少两人共同进行； 2）要求客户方或施工方进行现场安全交底，做好相关安全技术措施，确认工作范围内的设备已停电、安全措施符合现场工作需要，明确设备带电与不带电部位、施工电源供电区域； 3）不得随意触碰、操作现场设备，防止触电伤害
		（3）误入高压试验等施工作业危险区域，造成人身伤害、设备损坏	1）要求用户（或用户业扩工程施工单位）在危险区域按规定设置警示围栏； 2）检查人员不得擅自进入试验现场设置的警示围栏内

序号	辨识项目	辨识内容	典型控制措施
2	中间检查	（4）未对检查发现的现场安装设备、接线方式与设计图纸不符等情况提出整改意见，导致受电装置安装隐患接入电网	1）下现场前再次研究已答复的供电方案和经审查的初步设计，确定重点检查内容； 2）事先了解用户业扩工程的进展情况和施工单位的质量管理情况，拟定检查的关键点； 3）业扩中间检查时发现的隐患，及时出具书面整改意见，督导客户落实整改措施
		（5）对中间检查发现问题的整改情况监督、落实不到位	1）对中间检查发现问题逐个登记，并分析其严重程度； 2）对影响用户安全运行的，应通过问题跟踪和检查验证的方式，督促用户整改； 3）明确告知用户，只有中间检查合格后方可进行后续工程施工，形成闭环管理。否则，供电企业不予对工程进行竣工检验
		（6）乱扔烟蒂引发责任性火灾，造成人身伤害、设备损坏、财产损失	1）检查人员严禁在禁烟区吸烟； 2）发现其他人员吸烟的，应予以当场制止，并要求用户建立和落实施工现场的禁烟制度
3	竣工检验	（1）检验组织者未交代检验范围、带电部位和安全注意事项，造成人身伤害	1）现场负责人对工作现场进行统一安全交底，交待检验范围、带电部位和安全注意事项； 2）竣工检验人员应注意现场警示标识，与运行设备保持足够的安全距离
		（2）查看带电设备时，安全措施不到位，安全距离不满足，误碰带电设备，造成人身伤害、设备损坏	1）竣工检验工作至少两人共同进行； 2）竣工检验人员应掌握带电设备的位置，与带电设备保持足够安全距离，注意不要误碰、误动、误登运行设备
		（3）误碰带电设备触电；误入客户生产危险区域，造成人身伤害	1）要求客户方或施工方进行现场安全交底，做好相关安全技术措施； 2）确认工作范围内的设备已停电、安全措施符合现场工作需要； 3）明确设备带电与不带电部位、施工电源供电区域； 4）检验时需碰及电气一次设备必须采取验电措施
		（4）多专业、多班组工作协调配合不到位出现组织措施、技术措施缺失或不完整	1）涉及多专业、多班组参与的项目，由竣工检验现场负责人牵头（客服中心），由各相关专业技术人员参加，成立检验小组，并明确各专业职责； 2）现场负责人对工作现场进行统一安全交底，明确职责，各专业负责落实相关安全措施和责任。现场负责人应做好现场协调工作； 3）现场工作必须由客户方或施工方熟悉环境和电气设备的人员配合进行
		（5）未对检验发现的现场安装设备、接线方式与设计图纸不符等情况提出整改意见，导致受电装置带安全隐患接入电网	1）下现场前再次研究已答复的供电方案和经审查的初步设计，确定重点检查内容； 2）逐个核实中间检查发现问题的整改记录和现场情况； 3）检查时发现的隐患，及时出具书面整改意见，督导客户落实整改措施

续表

序号	辨识项目	辨识内容	典型控制措施
3	竣工检验	（6）对竣工检验发现问题的整改情况监督、落实不到位，导致受电装置带安全隐患接入电网	1）对发现问题逐个登记，并分析其严重程度； 2）对影响用户安全运行的，应通过问题跟踪和检查验证的方式，督促用户整改； 3）明确告知用户，只有复验合格后方允许接入电网
		（7）现场安装设备与审核合格的设计图纸不符，私自改变接线方式或运行方式	严格按照电气装置安装工程设计、施工和验收标准与规范进行检验，竣工检验时发现的隐患，及时出具书面整改意见，督导客户落实整改措施，形成闭环管理。复验合格后，方可安排投运工作
		（8）双（多）电源切换装置或不并网自备电源闭锁不可靠，发生倒送电事故	1）双（多）电源之间必须正确装设切换装置和可靠的联锁装置； 2）对断路器进行试跳、接电时进行核相，确保在任何情况下，均无法向电网倒送电； 3）检查电源切换的逻辑关系是否正确
4	客户设备投运	（1）多单位工作协调配合不到位，缺乏统一组织，发生人身伤害、设备损坏事故	1）涉及多专业、多班组参与的项目，由现场负责人牵头，各相关专业技术人员参加，确定现场总指挥，成立工作小组，拟定接（送）电方案，接（送）电方案应事先告知参加人员； 2）现场负责人对工作现场进行统一安全交底，明确职责，各专业负责落实相关安全措施和责任； 3）现场负责人应做好现场协调工作，发生异常情况，应立即报告现场总指挥
		（2）投运手续不完整，客户工程未竣工检验或检验不合格即送电，发生人身伤害、设备损坏事故	1）投运手续不完整的，必须补齐手续； 2）对未经检验或检验不合格的客户受电工程，严禁接（送）电； 3）发现未经检验或检验不合格，但已擅自送电的客户受电工程，必须立即采取停电措施
		（3）工作现场清理不到位、临时措施未解除，未达到投运标准，发生设备安全事故	1）投运工作必须有客户方或施工方熟悉环境和电气设备且具备相应资质人员配合进行； 2）投运前，客户方电气负责人应认真检查设备状况，有无遗漏临时措施，确保现场清理到位，并向现场负责人汇报并签字确认
		（4）无关人员逗留送电现场，发生人身伤害、设备损坏事故	与送电无关人员必须退出送电现场
		（5）用户投产准备工作不到位即实施送电，发生人身伤害、设备损坏事故	1）按要求做好各项运行准备工作； 2）严格履行客户设备送电程序，严禁新设备擅自投运或带电
		（6）未严格执行投运启动方案，发生人身伤害、设备损坏事故	1）严格执行投运启动方案，按调度指令逐项执行； 2）不得擅自简化启动方案环节

序号	辨识项目	辨识内容	典型控制措施
4	客户设备投运	（7）用户电气值班人员无票操作，造成误操作，引发安全事故、危及电网安全	电气值班人员应遵守《安规》，严格执行"两票三制"

二、用电检查作业

表 3-9　　　　用电检查作业安全风险辨识与控制

序号	辨识项目	辨识内容	典型控制措施
1	用电检查作业规范	（1）检查人员无用电检查证开展检查或用电检查资格不符合规定的要求，造成法律风险	1）用电检查人员应持证上岗； 2）用电检查工作人员下厂检查不得超越其"用电检查证"的等级范围
		（2）检查人员人数不符合规定的要求，造成人身伤害、设备损坏及法律风险	下厂检查应保证由二人及以上人员同时进行
		（3）检查人员不遵守厂区秩序、保密规定，随意行走，造成人身伤害、泄露用户机密引起法律风险	1）遵从用户厂区出入制度管理，不在厂区随意溜达，不进入非用电检查范围的厂区，必要时要求用户派员带路； 2）对和用电检查无关的内容不打探、不记录，即使无意或被动获得相关信息，也不得将这些信息告知他人
		（4）用电检查人员替代用户操作受电装置和电气设备，导致用户设备的损坏，危及检查人员的人身安全	用电检查人员在下厂检查过程中，在检查现场不得代替用户进行电工作业，不得代替办理应该由用户办理的相关手续及应该由用户实施的其他相关事宜
2	安全隐患排查与治理	（1）用电检查人员技能欠缺，用电检查中未能及时发现安全隐患，对用户受电装置的安全隐患不掌控，潜在的安全威胁不能及时发现	1）加强用电检查人员理论、技术和技能培训，开展以老带新现场检查训练，提高检查人员技能素质； 2）保持用检队伍相对稳定，并对新进人员开展专项培训
		（2）检查中发现安全隐患未充分告知用户，未开具书面整改通知单，隐患得不到及时整改，导致用户电气事故和人身伤亡的发生	1）对用户受电装置存在的缺陷，应向用户耐心说明其危害性和整改要求，以书面形式留下整改意见，并由用户签收； 2）对检查中发现的需要与供电企业内部相关部门协调的事件，应开具内部工作联系单，经部门主管审核后发送相关部门
		（3）未对安全隐患进行跟踪并督促用户进行整改，隐患得不到及时有效整改，导致用户电气事故和人身伤亡的发生	1）对每条隐患根据责任划分督促责任主体制订整治计划，主动提供安全用电及消除受电装置缺陷等不安全因素的专业技术指导、咨询和帮助，及时督促用户消除受电装置的安全隐患； 2）对发现的重大缺陷，由本单位正式发文报告政府相关主管部门，充分取得政府支持形成有效的监督机制

序号	辨识项目	辨识内容	典型控制措施
3	电源管理	（1）检查中未发现双（多）路电源（回路）闭锁装置失效以及未落实防倒送电措施，发生倒送电事故或用户停电事故	1）电源闭锁装置、自动保护装置动作闭锁功能应定期进行试验，防止发生合环和倒送电； 2）有并路倒闸操作的用户，需经供电部门批准，并实行电力调度管辖
		（2）检查中未督促用户按规定配备应急电源，或实施定期的维护保养，重要用户的网供电源中断时，由于未配备应急电源或应急电源无法及时启动造成停电，引发安全事故	1）书面要求重要用户配备自备应急电源，自备应急电源容量≥120%保安负荷； 2）指导用户按规定进行自备应急电源的正常维护与定期启动
		（3）未发现用户擅自变更自备电源接线以及未落实其他防倒送电措施，引发倒送电事故	1）根据竣工检验记录和历次用电检查记录，关注用户自备电源改造、新增等活动，发现自备电源位置变化、设备变更等情况时，必须延伸检查其电源接线情况； 2）自备电源与电网电源之间必须正确装设切换装置和可靠的联锁装置，确保在任何情况下，不并网自备电源均无法向电网倒送电
		（4）未发现用户自备发电机存在漏油、未设置储油间等问题，引发火灾、爆炸事故	1）进入发电机房认真检查油系统连接点、阀门处等的渗漏油情况； 2）对发现的问题，书面要求用户进行自备发电机正常维护保养工作； 3）单独设置储油间
		（5）专用供电线路未做好线路运行维护工作，发生线路故障，引起用户停电及影响系统事故	1）要求用户安排专业人员或委托有资质的单位，对产权的供电设施进行运行维护； 2）对运维发现的问题，用户应落实资金、人员进行消缺或整改
4	受电装置	（1）未发现客户受电装置存在"五防"失效问题，发生误操作事故，危及人员及设备安全	1）在设计文件审查、现场检验中将"五防"功能作为一项必查内容； 2）当用户对电气设备进行改造时，重点检查"五防"的完备性； 3）通过询问日常操作、应急处置等，掌握"五防"设施的日常管理情况，防止用户退出"五防"； 4）对发现的装置性缺陷，书面要求用户对设备进行整改； 5）指导用户检查设备"五防"要求（防止带负荷拉合隔离开关、防止带接地线（接地刀闸）合闸、防止人员误入带电间隔、防止误分合断路器、防止带电挂接地线（合接地刀闸）是否完备
		（2）未要求用户按规定进行继电保护周期性校验与传动试验，发生继电保护拒动或误动作	指导用户按规定进行继电保护周期性校验与传动试验

序号	辨识项目	辨识内容	典型控制措施
4	受电装置	（3）未发现用户主设备（开关柜、主变压器、进出电缆、母线）存在过载、发热、漏油、未按规定进行预试等不安全现象，发生设备损坏及停电事故	1）检查用户设备连接点过热变色、绝缘过热老化等外观情况； 2）检查用户运行记录，查看负荷情况，分析过载情况； 3）指导用户建立设备巡视检查制度，按规定开展设备巡视； 4）定期开展预防性试验
5	用户变电站安全防护	（1）未指出用户安全工器具未配置或不合格，危及作业人员安全	1）在下厂检查前，根据用户变压器的电压等级及检查区域，列入常规安全工器具的清单； 2）重点检查用户配置的绝缘工器具、验电笔、接地线等安全工器具及其试验合格标识； 3）发现用户漏配、少配或不合格器具时，应当面告知现场电气人员并向用户正式发送《缺陷通知书》要求其限期整改
		（2）未发现防小动物措施不完备，未配置应急照明，消防设施不齐全，地下变电站设备防水及排水设施不完备，发生电气事故，危及人员安全，发生火灾、变电站浸水危及设备及人身安全	1）逐个检查配电房内的孔洞、门窗，按要求装设防小动物挡板、不锈钢丝网，电缆进出线孔、洞均应封堵； 2）变电站应配置事故应急照明并定期维护； 3）按规定标准配置灭火器、沙箱（桶）等消防器材并定期维护； 4）地下变电站应设置集水井、排水泵、除湿机，并定期维护
		（3）未要求用户装设SF₆断路器的变电站安装气体检测装置和排风设施，造成人员窒息、中毒	1）装设 SF_6 气体含量显示仪； 2）应装设强力通风装置，风口应设置在室内底部，排风机电源开关应设置在门外
6	窃电查处	（1）检查人员资质、人数以及检查程序不符合要求，用电检查程序不合法，会使查处工作陷入被动，带来隐藏的法律风险	1）用电检查人员必须具备相应的用电检查资质，并在其规定的相关范围内开展工作； 2）实际现场检查时，用电检查的人数不少于2人，随身携带检查证
		（2）随意采取翻墙、翻窗、强行撬锁等方式进行检查，发生人身伤害以及造成法律风险	1）联系公安部门配合，实施联合行动； 2）事先对检查路线、检查方式做好充分准备
		（3）遭遇人身攻击。造成人身伤害	1）执行检查任务用电检查的人数不少于2人，事先做好必要的自我防护； 2）联系公安部门配合，实施联合行动
		（4）窃电现场保护和证据收集不到位，导致窃电难以认定	1）摄像或拍摄相片等方法将窃电现场记录下来，作为图像证据； 2）注重现场记录账册取证，保存好窃电现场取下来的窃电工具等物证；

序号	辨识项目	辨识内容	典型控制措施
6	窃电查处	（4）窃电现场保护和证据收集不到位，导致窃电难以认定	3）当场指出窃电手段，让窃电者承认窃电事实并做好谈话录音和书面笔录； 4）对窃电数量大或者在事实面前拒不承认的，应提前邀请第三方人员到场见证
		（5）窃电证据不足情况下随意采取停电措施，造成法律风险	只有在窃电证据确凿的情况下方可中止供电
		（6）不了解用户负荷等级情况下盲目采取停电措施，造成法律风险	1）检查前仔细查阅用户档案，掌握用户负荷分级情况； 2）对高危及重要用户或存在危及人身、设备安全的重要负荷时，须经本单位领导批准，报当地电力管理部门、政府部门备案后方可中止供电； 3）对高危及重要用户或存在重要负荷的用户实施现场停电时，应在确保重要负荷所对应用电设备已安全停机或已采取安全措施后进行
7	违约用电查处	（1）进入变压器室核实运行设备容量时，无专人监护或未与带电设备保持足够安全距离，危及人身安全	1）由专人监护； 2）掌握《安规》中带电设备安全距离的规定并严格执行
		（2）没有用户或公安人员陪同进入现场查处，导致用户对计量封印缺失提出异议	1）对日常检查要在用户人员陪同下进入现场，对重大反窃电检查，要事先取得公安部门的支持，在公安人员的陪同下进入现场； 2）通过摄像或拍摄相片等方法将违约用电现场记录下来
		（3）用户在规定期限内不接受处理，需采取停电时程序不到位，带来隐藏的法律风险	1）严格履行法定告知义务，书面送达停电通知单； 2）按照规定的程序进行停电
8	欠费停复电	（1）接户线解头、搭头时，无专人监护或安全措施不到位，危及人身安全	1）应事先进行现场勘察并落实防触电、防高坠的安全技术措施，指定专人进行工作监护； 2）使用有绝缘柄的工器具和个人防护用具； 3）应先分清相、零线，选好工作位置，断开导线时，应先断开相线，后断开零线，搭接导线时顺序应相反，人体不得同时接触两根线头
		（2）没有履行告知义务且不清楚用户生产特性情况下随意采取停复电措施，导致用户设备损坏、产品报废等损失	严格履行法定告知义务，履行正常的审批、执行手续

三、现场检验作业

表 3-10　　　　　　　　　　现场检验作业安全风险辨识与控制

序号	辨识项目	辨识内容	典型控制措施
1	作业前准备	（1）检验设备在运输途中随意叠放，未采取防震及保护措施，试验设备损坏或误伤随车人员	1）运输车辆中设置专用仪器仪表防震保护箱柜； 2）运输途中严禁叠放检验设备； 3）检验设备使用专用便携箱，严禁检验设备裸放，防止设备摔坏、互撞
		（2）使用未经检定、超检定周期或不合格现场检验设备，造成检验结果不正确或试验人员触电	1）使用检定合格的检验设备； 2）按照规定检定周期对检测设备进行量值溯源； 3）定期开展检验设备期间核查及比对，对使用频繁的设备应增加期间核查及定期比对次数
		（3）未使用绝缘工器具或工具、材料放置不当，引发短路或触电，造成人员触电伤亡、系统运行设备损坏	1）按规定试验周期，对安全工器具和安全防护用品进行检查、试验，保证安全工器具和安全防护用品符合安全状态； 2）绝缘工具使用前应进行外观检查，电压等级与实际是否相符，并保持干燥、洁净。使用作业工具采取绝缘保护符合《安规》要求，工具、材料必须妥善放置并站在绝缘垫上进行工作
		（4）带电作业未带（戴）护目镜，造成电弧灼伤眼睛	带电作业必须带（戴）护目镜
		（5）临时电源不规范，造成人员触电伤害	临时电源线应由专用电源接入，加装漏电保护器，绝缘良好，线径和长度符合要求，电源线可靠固定
2	作业中	（1）作业人员擅自扩大工作范围、工作内容，造成人员触电伤亡，系统运行设备损坏	1）严格执行工作票制度，将作业范围、工作内容、现场危险点、安全措施等内容完整填写在工作票中； 2）在原工作票的停电及安全措施范围内增加工作任务时，应由工作负责人征得工作票签发人和工作许可人同意，并在工作票上增填工作项目。若需变更或增设安全措施者应填用新的工作票，并重新履行签发许可手续； 3）工作负责人或专责监护人在工作中应严格履行监护职责，及时纠正不安全行为，合理安排工作进度，严把工作流程及工作质量
		（2）作业人员擅自改变已设置的安全措施，造成人员触电伤亡，系统运行设备损坏	1）工作负责人或专责监护人在工作中应严格履行监护职责，及时纠正不安全行为，合理安排工作进度，严把工作流程及工作质量； 2）现场工作负责人在作业前必须向全体作业人员进行现场安全交底，使所有作业人员做到"四清楚"，并签字确认； 3）工作负责人、工作许可人任何一方不得擅自变更安全措施，工作中如有特殊情况需要变更，应先取得对方的同意并及时恢复。变更情况及时记录在值班日志内
		（3）走错工作间隔，造成人员触电伤害	1）计量现场作业，至少两人同时进行，一人操作，一人监护；

序号	辨识项目	辨识内容	典型控制措施
2	作业中	（3）走错工作间隔，造成人员触电伤害	2）将检修设备与运行设备前后以明显的标志隔开。在室内高压设备上工作，应在工作地点两旁及对面运行设备间隔的遮栏（围栏）上和禁止通行的过道遮栏（围栏）上悬挂"止步，高压危险！"的标示牌。禁止工作人员擅自移动或拆除遮栏、围栏、标示牌； 3）工作过程中注意力集中，对标志标识不清晰的设备应确认准确，工作人员与带电部位保持足够的安全距离
		（4）误碰带电设备，造成人员触电伤害、系统运行设备损坏	1）工作负责人、专职监护人应始终在现场，对工作班人员的安全认真监护，及时纠正不安全行为； 2）所有工作人员（包括工作负责人）不许单独进入、滞留在高压室、室外高压设备区； 3）根据现场的安全条件、施工范围、工作需要等具体情况，增设专职监护人； 4）专职监护人不得兼做其他工作，专职监护人临时离开时，应通知被监护人员停止工作或离开工作现场，待专职监护人回来后方可恢复工作
		（5）打开金属计量箱体前未验电，造成人员触电伤害	1）开启金属表箱（柜）门前应先用合格的验电器（笔）进行验电； 2）确认金属表箱（柜）有效接地后开始工作； 3）若未接地或接地不良，必须采取临时接地措施
		（6）临时电源使用不当，造成人员触电伤亡；试验设备损坏	1）制定科学合理的现场临时电源装设规范； 2）工作人员应对临时敷设的电源进行检查确认后，方可接入检验设备； 3）当临时电源线跨越通道时，应采取防止踩踏的措施； 4）不带电移动临时电源箱（盘）
		（7）因现场检验接线差错，导致电流互感器二次回路开路，电压互感器二次短路，造成人员触电伤亡、系统运行设备损坏	1）遵守计量二次回路操作规范，严禁带电电流互感器二次开路，严禁电压互感器二次短路； 2）工作中认清设备接线标识，严格按照规程进行，试验过程应呼唱，设专人监护，工作完毕接电后要进行检查核验，确保接线正确
		（8）互感器现场检验升压过程中防护缺失，造成人员触电伤害	1）试验现场必须设围栏、警灯、挂标示牌； 2）试验现场禁止其他检修工作； 3）试验现场外围必须专人看守； 4）升压、降压过程必须呼唱； 5）试验结束，释放静电后再拆线
		（9）工作中登高绝缘梯不按规定搬运，造成人员触电伤害或碰伤、财产损失	1）登高绝缘梯子必须由两人放平搬运，防止人员碰伤或者设备碰坏； 2）搬运及使用时，工作人员与带电设备保持足够的安全距离
		（10）登高作业梯子使用不规范，发生高处坠落或触电	1）梯子使用应符合《安规》要求，宜选择有限高线的绝缘梯。工作时梯子牢固平稳的摆放，并有人扶持，单梯工作时，其与地面的斜角度约为60°；

序号	辨识项目	辨识内容	典型控制措施
2	作业中	（10）登高作业梯子使用不规范，发生高处坠落或触电	2）监护人必须时刻注意梯子上作业人员与带电体的安全距离； 3）登高 2.0m 以上高处作业，应系好安全带。安全带应系在牢固的构件上
		（11）对工作中特殊天气变化未制定应急防护措施，造成人员触电伤害、试验设备损坏、系统运行设备损坏	1）在六级及以上的大风以及暴雨、雷电、冰雹、大雾、沙尘暴等恶劣天气下，应停止露天高处作业、带电作业； 2）户外高压试验中遇突然气候变化，应立即停止工作，在确保人身安全的前提下，择机将测试仪器脱离电源及断开与被测试设备连接
		（12）误入用户现场危险环境或防护不当，造成人身意外伤害	1）到达现场开始工作前，应认真观察或检测现场环境，做好防范意外伤害的应对措施； 2）正确穿戴劳动防护用品，工作班成员应互相提醒及检查； 3）工作负责人应确认现场环境中无明显危及人身隐患存在，方可允许工作班成员进入，不得盲目指挥； 4）工作必须由用户方或施工方熟悉环境和电气设备的人员配合进行，必要时可寻找熟悉现场环境工作人员带领进入
3	作业后	（1）电压互感器检验完成后，一次侧未放电或放电时，不戴绝缘手套和穿绝缘靴，造成人员触电伤亡	1）使用作业工具采取绝缘保护符合《安规》要求，工具、材料必须妥善放置并站在绝缘垫上进行工作工作； 2）电压互感器检验完成后，必须对一次侧进行静电放电操作； 3）电压互感器检验完成对一次侧进行放电时，必须戴绝缘手套和穿绝缘靴，使用放电棒与有效接地端可靠连接，确保试验静电有效释放； 4）放电棒应定期检验，使用时应在检验有效期内
		（2）检验结束恢复时计量装置接线错误，产生计量差错，造成电量损失	1）工作中认清设备接线标识，严格按照规程进行安装，一人操作一人监护； 2）工作完毕接电后，要进行检查核验，确保接线正确
		（3）受控材料、工器具遗失在作业现场。设备通电后，可能造成设备短路或触电事故，封印钳、封印等受控材料遗失，还会增大窃电风险	1）严格按照相关管理规定和工作标准，对现场工作做到"三清"（清扫、清点、清查）； 2）受控材料应有专人管理
4	实验室校验	（1）设备误操作，造成人员触电伤害	1）把设备操作步骤融为作业指导书内容的一部分； 2）人员与设备的配备相对固定并建立设备主人制； 3）检定设备的外壳必须可靠接地； 4）实验室地面的绝缘性能必须良好
		（2）交流工频耐压试验，造成人员触电伤害	1）试验现场必须设围栏、警灯、挂标示牌； 2）试验现场禁止其他检修工作； 3）试验现场外围必须专人看守； 4）升压、降压过程必须呼唱； 5）试验结束，释放静电后再拆线
		（3）仓库物件搬运，不慎发生人员受伤	1）根据搬运物件的具体情况配备搬运工具； 2）多人共同搬运或装卸较大的重物时，应有人指挥和监护

四、表计装拆作业

表 3-11　　　　　　　　表计装拆作业安全风险辨识与控制

序号	辨识项目	辨识内容	典型控制措施
1	现场勘察	（1）设备未验收就已投运造成新设备全部或部分带电	1）严格履行客户设备送电程序，严禁新设备未验收擅自投运或带电； 2）现场勘察必须有客户电工或现场施工人员陪同，要求客户进行现场安全交底，做好相关安全技术措施，掌握带电设备位置，不得操作客户设备，严防触电事故的发生
		（2）通道照明不足，基建工地容易出现高处落物、碰伤、扎伤、摔伤等意外	必须穿工作服、戴安全帽、携带照明器材。需攀登杆塔或梯子时，要落实防坠落措施，并在有效的监护下进行。不得在高处落物区通行或逗留
		（3）误入运行设备区域、客户生产危险区域，误碰带电设备触电	1）工作班成员应在客户电气工作人员的带领下进入工作现场，并在规定的工作范围内工作，做到对现场危险点、安全措施等情况清楚了解； 2）进入带电设备区设专人监护，严格监督带电设备与周围设备及工作人员的安全距离是否足够，不得操作客户设备。对客户设备状态不明时，均视为运行设备
2	作业前准备	（1）电能计量装置装拆工作前未与《电能计量装接单》核对用户的相关信息，造成电能计量装置错位、互感器变比错误，引发电费纠纷	1）电能计量装置装拆工作前应仔细核对用户的户号、户名、地址、局号、类型与《电能计量装接单》的数据是否一致； 2）若存在票面和现场的户号、电能表参数等不相符的，应暂时中止作业，返回调查清楚
		（2）电能表搬运过程中未采取有效防震、防潮措施，引起电能表失准、故障，造成人身伤害	1）按规定搬运存放电能表，小心轻放； 2）确保电能表远离潮湿环境、化学物品
		（3）带电作业未带（戴）护目镜，造成电弧灼伤眼睛	带电作业必须带（戴）护目镜
		（4）直接进入含有 SF_6 设备的建筑物，SF_6 气体电弧灼伤、爆炸后会产生 S_2F_{10} 等多种剧毒气体，致人窒息、中毒	1）开门前应先观察 SF_6 含量显示仪，SF_6 含量低于 $1000\mu L/L$ 时，才允许进入；若无显示仪则应打开强排通风 15min 后再行进入； 2）进门后查看 SF_6 设备是否异常
		（5）现场查勘未发现表箱漏水、接地线缺失等缺陷，或发现后未及时处理，造成作业人员触电伤害或设备损坏	1）发现表箱漏水、接地线缺失等缺陷，应立即进行登记，并及时向相关人员反馈和汇报，设备主人接到信息后，必须第一时间到现场核实，并及时处置； 2）缺陷消除之前，不得开展现场作业
3	作业中	（1）走错工作间隔，造成人员触电伤害	1）计量现场作业，至少两人同时进行，一人操作，一人监护；

序号	辨识项目	辨识内容	典型控制措施
3	作业中	（1）走错工作间隔，造成人员触电伤害	2）在室内高压设备上工作，应在工作地点设置"在此工作"标示牌；在工作地点两旁及对面运行设备间隔的遮栏（围栏）上和禁止通行的过道遮栏（围栏）上悬挂"止步，高压危险！"的标示牌。禁止工作人员擅自移动或拆除遮栏、围栏、标示牌； 3）工作过程中注意力集中，对标识不清晰的设备应确认准确，工作人员与带电部位保持足够的安全距离
		（2）误碰带电设备，造成人员触电伤亡、系统运行设备损坏	1）工作负责人、专职监护人应始终在现场，对工作班人员的安全认真监护，及时纠正不安全行为； 2）所有工作人员（包括工作负责人）不许单独进入、滞留在高压室、室外高压设备区； 3）根据现场的安全条件、施工范围、工作需要等具体情况，增设专职监护人； 4）专职监护人不得兼做其他工作，专职监护人临时离开时，应通知被监护人员停止工作或离开工作现场，待专职监护人回来后方可恢复工作
		（3）未将各方面的电源完全断开，倒送电造成人员触电伤害	1）做好安全隔离措施，确保断开各方面电源；所有一经合闸就可能导致倒送电的设备均应挂"禁止合闸、有人工作"警告牌并加锁，对不能加锁的设备由专人看管； 2）对于可能送电至停电设备的各方面都应装设接地线或合上接地刀闸； 3）工作用自备发电机只能作为工作照明用，严禁接入其他电气回路
		（4）打开金属计量箱体前未验电，若箱体漏电会造成作业人员触电伤害	1）开启金属表箱（柜）门前应先用合格的验电笔进行验电； 2）确认金属表箱（柜）有效接地后开始工作。若未接地或接地不良，必须采取临时接地措施
		（5）营销工作人员超越职责范围，擅自替代用户进行拉闸等工作，造成用户停电并引起设备损坏、产品报废等经济损失	1）严禁作业人员操作用户设备； 2）属于用户资产的相关设备一律由用户自己操作
		（6）带电换表时，电流互感器二次侧开路，造成人员触电伤害、设备损坏	1）工作时至少二人。一人监护（负责人），一人工作，不得单人作业； 2）进行带电调换电能表时，应使用绝缘工具并戴手套，站在绝缘垫上工作； 3）在装有联合接线盒的计量箱（柜）内进行带电调换电能表时，应先在联合接线盒内逐相短接电流回路短接片；再逐相断开电压回路连接片。然后拆开电能表接线调换电能表。恢复接线时顺序相反； 4）计量二次回路采用标准的联合接线盒，严禁将回路的永久接地点断开
		（7）带电换表时，电压回路短路或接地，造成电灼伤和设备损坏	1）进行电能表装接工作时，先脱开联合接线盒上的电压连接片或将电压线头用绝缘胶带布（或绝缘套）包扎；并使用绝缘工具； 2）严禁将回路的安全接地点断开

序号	辨识项目	辨识内容	典型控制措施
3	作业中	（8）接户线搭接作业防护措施不到位，造成人员、攀登不稳固的杆塔倒杆，导致高处坠落；停电线路的杆上作业发生触电导致高处坠落；带电线路的杆上作业或高空作业时发生触电导致高处坠落；高处坠物误伤他人；高处作业使用电动工具发生触电导致高处坠落	1）上杆作业前应先检查杆根、基础和拉线是否牢固，遇有冲刷、起土、拉线松动的杆塔，在未采取有效防倒杆措施前，不得强行攀登； 2）上杆前应确认各项安全措施是否到位，严禁触碰未经验电并接地的电力导线； 3）杆上作业宜使用登高板，登高工具应进行承力检验；梯子应选择有限高线的绝缘梯并正确使用；安全带应系在牢固的构件上；使用绝缘工器具，应采取防止作业时间或相对地短路的措施；选择合适的攀登线路，先断相线，后断中性线，搭接导线时顺序相反，人体不得同时接触两个线头；应在有经验的人员指导和专人监护下作业；作业过程中严禁使用锉刀、金属尺和带有金属物的毛刷、毛掸等工具； 4）正确佩戴安全帽；高处作业应使用工具袋，用绳索传递物件，严禁上下抛掷；严禁人员站在作业处的垂直下方；作业点下方应设置围栏，非工作人员严禁进入； 5）电动工具应完好，使用时应接好剩余电流动作保护器；在高处使用电动工具时，应做好防止感电坠落的安全措施，不准提着电动工具的导线或转动部分
		（9）登高作业梯子使用不规范，发生高处坠落或触电	1）梯子使用应符合《安规》要求，宜选择有限高线的绝缘梯。工作时梯子牢固平稳的摆放，并有人扶持，单梯工作时，其与地面的斜角度约为60°； 2）监护人必须时刻注意梯子上作业人员与带电体的安全距离； 3）登高 2.0 m 以上高处作业，应系好安全带。安全带应系在牢固的构件上
		（10）接线螺丝未拧紧，线头有松动，造成计量失准、引起设备损坏、电气火灾	1）工作人员将螺丝进行逐个整固； 2）安排其他人员进行逐个拧紧检查
		（11）计量用二次回路或电能表接线错误	1）工作中认清设备接线标识，严格按照规程进行安装，一人操作，一人监护，工作完毕接电后进行检查核验，确保接线正确； 2）计量用二次回路导线宜采用 10 色线，以方便接线复核
4	作业后	（1）表计安装后，计量箱（柜）未关门及加封，增大窃电风险，可能导致人员伤害	1）相关人员要严格按照装表接电工作标准的要求，在计量箱（柜）作业完毕后，及时关闭计量箱（柜）门； 2）工作完毕后，及时关闭计量箱（柜）门并加封； 3）对外来施工队伍加强作业过程中间检查管控和验收、考核
		（2）电能表底度（电能计量装置故障）未经用户确认，未共同抄录和确认，导致用户事后不认可，引起电量争议或差错电量电费无法足额收回	1）换表工作完成后，应请用户检查确认电能表的封印、换上及换下电能表的电能示数与需量指示数，应请用户在《电能计量装置单》上签字； 2）计量点在变电站，换表工作完成后，用户可免签字但事后应立即将换上及换下的电能表的电能示数与需量数通知用户，书面通知应寄挂号信，电话通知应录音并保存三个月； 3）当着用户的面对计量箱加封印； 4）在电能计量装置故障排除前，必须和用户一起在现场对故障现象予以签字确认，同时拍摄故障时的现场照片

序号	辨识项目	辨识内容	典型控制措施
4	作业后	（3）受控材料、工器具遗失在作业现场，设备通电后，可能造成设备短路或触电事故；封印钳、封印等受控材料遗失，还会增大窃电风险	1）严格按照相关管理规定和工作标准，对现场工作做到"三清"（清扫、清点、清查）； 2）受控材料应有专人管理

五、采集终端装拆作业

表 3-12   采集终端装拆作业安全风险辨识与控制

序号	辨识项目	辨识内容	典型控制措施
1	施工保障	（1）营销工作人员超越职责范围，擅自替代用户进行拉闸等工作，导致用户停电，并引起用户设备损坏、产品报废等损失	1）严禁作业人员操作用户设备； 2）属于用户资产的相关设备一律由用户自己操作
		（2）施工人员触电防护措施不到位，未采取有效的措施隔离带电部分，造成作业人员触电伤害	对于工作中邻近的带电部分，必须采取有效的措施，如装设遮栏、设置标识牌等
		（3）带电作业未带（戴）护目镜，电弧灼伤眼睛	带电作业必须带（戴）护目镜
		（4）现场查勘未发现表箱漏水、接地线缺失等缺陷，或发现后未及时处理，造成作业人员触电伤害或设备损坏	1）发现表箱漏水、接地线缺失等缺陷，应立即进行登记，并及时向相关人员反馈和汇报，设备主人接到信息后，必须第一时间到现场核实，并及时处置； 2）缺陷消除之前，不得开展现场作业
2	低压采集终端	（1）采集器电源取电不正确，影响计量准确性，导致采集器损毁或无法使用	严格按照省公司级单位用电信息采集建设安装作业规范执行，采集器电源必须经熔断器或微型断路器从表箱的进线侧取单相电。不得从电能表进线或出线取电
		（2）采集器 485 线露铜过长，容易引起 220V 电源经 485 线引入 485 通信模块，造成采集器 485 通信模块和电能表 485 端口烧坏	严格按照省公司级单位用电信息采集建设安装作业规范执行，485 通信线剥线长度适当，露铜长度应小于 2mm
		（3）485 连线屏蔽层未接地，雷电、感应电或静电损坏采集器和电能表 485 端口	按照现场安装作业规范要求，屏蔽层必须单端可靠接地
		（4）安装时，485 通信线导体误碰电能表电源，造成作业人员触电伤害；引起短路损坏电能表接线盒；造成采集器 485 通信模块和电能表 485 端口烧坏	1）严格按照安装作业规范要求，逐条剥线逐条安装 485 通信线； 2）对可能发生误碰危险的安装位置，应将剥皮后 485 线用绝缘胶布进行包扎； 3）作业人员不得直接触碰 485 线导体部分
3	专用变压器采集终端、载波集中器	（1）打开金属计量箱体前未验电，若箱体漏电会造成作业人员触电伤害	1）开启金属表箱（柜）门前应先用合格的验电笔进行验电； 2）确认金属表箱（柜）有效接地后开始工作。若未接地或接地不良，必须采取临时接地措施

序号	辨识项目	辨识内容	典型控制措施
3	专用变压器采集终端、载波集中器	（2）终端现场带电更换时，电流互感器二次侧出现开路，电流互感器二次回路产生高电压危及人身与设备安全，造成作业人员触电伤害、设备损坏	1）终端的调换工作至少二人。一人监护（负责人），一人工作，不得单人作业； 2）进行带电调换终端时，应使用绝缘工具并戴手套，站在绝缘垫上工作； 3）在装有联合接线盒的计量箱（柜）内进行带电调换终端时，应先在联合接线盒内逐相短接电流回路短接片。再逐相断开电压回路连接片。然后拆开终端接线调换终端；恢复接线时顺序相反
		（3）终端现场带电更换时，电压回路短路或接地，造成电灼伤和设备损坏	在终端装接工作前，应先脱开联合接线盒上的电压连接片，或将电压线头用绝缘胶布包扎，并使用绝缘工器具
		（4）专用变压器采集终端跳闸回路接入用户断路器时误碰带电部位，造成作业人员触电伤害	1）对作业所涉及断路器的电源和影响工作其他带电设备，必须停电后，方可工作； 2）必须对走线路径和作业人员活动范围进行仔细查勘，并采取相应防护措施； 3）终端开关跳闸端子和用户开关之间必须安装接线过渡端子，装拆时可以开路或短路分离线圈或脱扣线圈电压回路
		（5）专用变压器采集终端跳闸回路接入错误，无法实现跳、合闸，造成开关误跳闸造成用户设备、财产损失	安装完毕，现场进行跳、合闸试验
		（6）载波集中器安装时误碰公用变配电箱低压带电部分，造成作业人员触电伤害	1）对未安装联合接线盒的公用变配电箱，应在变压器停电后，再行安装联合接线盒和载波集中器； 2）对已安装联合接线盒的公用变配电箱，严格按照带电装拆作业要求，做好相关防触电措施后，进行安装
		（7）现场安装终端时，未把各方面的电源完全断开，导致向作业点倒送电，造成作业人员触电伤害	1）做好安全隔离措施，确保断开各方面电源； 2）对于可能送电至停电设备的各方面都应装设接地线或合上接地刀闸； 3）工作用自备发电机只能作为工作照明用，严禁接入其他电气回路
		（8）专用变压器终端安装时，未核相导致电压电流接错、相序接反等接线错误，影响计量准确性，造成终端损坏	1）严格按照装表接电工作标准和规程，认清设备接线标识； 2）工作完毕后，要进行检查校验，确保接线正确
4	作业后	（1）终端安装工作结束后，计量箱（柜）未关门及加封，增大窃电风险；可能导致人员伤害	1）相关人员要严格按照装表接电工作标准的要求，在计量箱（柜）作业完毕后，及时关闭计量箱（柜）门； 2）在终端安装工作完毕后，及时关闭计量箱（柜）门并加封； 3）对外施队伍加强作业过程中间检查管控和验收、考核

序号	辨识项目	辨识内容	典型控制措施
4	作业后	（2）材料、工器具遗失在作业现场，设备通电后，可能造成设备短路或触电事故；封印钳、封印等受控材料遗失，还会增大窃电风险	1）严格按照相关管理规定和工作标准，对现场工作做到"三清"（清扫、清点、清查）； 2）受控材料应有专人管理

六、现场抄表作业

表 3-13　　　　　　现场抄表作业安全风险辨识与控制

序号	辨识项目	辨识内容	典型控制措施
1	变电站抄表	（1）误碰带电设备，造成人员触电伤害和设备损坏事故	1）变电站抄表须由变电站运行人员全程陪同，若遇紧急情况，应在运行人员指引下安全撤离； 2）进入变电站前由变电站运行人员负责安全交底，告知变电站内抄表的路径和位置，新上岗人员首次进入变电站，还应由原抄表人员陪同，指导新上岗人员熟悉电能计量装置的位置； 3）抄表人员应按规定的路径、在规定的位置执行抄表作业，不得擅自变更； 4）抄表时应与带电设备保持足够的安全距离
		（2）误入带电设备间隔，造成人身触电伤亡和设备损坏事故；造成继电保护误动或断路器跳闸	1）变电站抄表须由变电站运行人员全程陪同，若遇紧急情况，应在运行人员指引下安全撤离； 2）进入变电站前由变电站运行人员负责安全交底，告知变电站内抄表的路径和位置，新上岗人员首次进入变电站，还应由原抄表人员陪同，指导新上岗人员熟悉电能计量装置的位置； 3）抄表人员应按规定的路径、在规定的位置执行抄表作业，不得擅自变更
		（3）误碰运行开关设备，造成开关设备跳闸和设备停运；造成对外停电	1）变电站抄表须由变电站运行人员全程陪同，若遇紧急情况，应在运行人员指引下安全撤离； 2）进入变电站前由变电站运行人员负责安全交底，告知变电站内抄表的路径和位置，新上岗人员首次进入变电站，还应由原抄表人员陪同，指导新上岗人员熟悉电能计量装置的位置； 3）抄表人员应按规定的路径、在规定的位置执行抄表作业，不得擅自变更； 4）抄表时不得触碰运行开关设备，不得好奇拨动二次开关、连接片
2	用户侧抄表	（1）现场抄表周期不到位，存在估抄漏抄错抄，造成用户电费差错，引起电费纠纷	落实抄表管理制度，严格执行现场抄表周期
		（2）抄表现场照明不足，造成人身伤害	随带便携式手电筒器具
		（3）抄表行为不规范，包括临时搭设抄表登高台架，未验电触碰表（柜）箱等，高处坠落造成人身伤害；造成触电伤亡	1）登高作业须专人监护，不得攀附周边电气设备抄表，需搭建临时登高台时，应检查台架是否牢固； 2）观察表（柜）箱与带电部分是否接触，触碰前先进行验电

序号	辨识项目	辨识内容	典型控制措施
2	用户侧抄表	（4）发现窃电（违约用电）行为，现场处置不当，造成窃电（违约用电）现场破坏；造成人身伤害	1）注意保护现场，或手机拍照取证，及时向上级汇报情况； 2）等待用电检查人员进行现场辨认
		（5）替代用户操作受电装置和电气设备，导致设备损坏；造成人身伤害	不得替代用户进行电工作业
3	抄表途中	（1）遭遇动物突然袭击，造成人身伤害；造成精神伤害	1）做好防范措施，根据实际需要，可配备驱狗器、打狗棒等防止被狗、蛇等动物咬伤的装备； 2）携带必要的救助药品，学会紧急救护法
		（2）途中遇到恶劣天气，造成户外雷击、中暑、冰雹砸伤等人身伤害	1）密切关注天气预报，合理安排抄表时段，尽可能避开恶劣天气； 2）若遇突发恶劣天气，因地制宜做好个人防避措施，尽可能到最近的房屋进行避险； 3）学会紧急救护法
		（3）途径道口、江塘、陡坡等危险路段，造成交通事故	1）加强交通安全知识培训； 2）在危险路段，要仔细判别，不得贸然前行

第四章　现场标准化作业

第一节　现场标准化作业一般要求

现场标准化作业是以现场安全生产、技术和质量活动的全过程及其要点为主要内容，按照企业安全生产的客观规律与要求，制定作业程序标准和贯彻标准的一种有组织活动。

编制和执行现场标准化作业指导书是实现现场标准化作业的具体形式和方法，作业指导书是对每一项作业按照全过程控制的要求，对作业计划、准备、实施、总结等各个环节，明确具体操作的方法、步骤、措施、标准和人员责任，依据工作流程组合成的执行文件。

实行现场标准化作业指导书，重点解决现场作业危险点分析不全面，控制措施落实不到位、工作随意等问题，进一步规范人的作业行为，保证作业全过程的安全、质量。

一、现场安全作业标准化流程

1. 作业计划

平衡年度、季度、月度生产计划，分析、评估电网和作业项目施工的安全风险，考虑班组安全生产承载力等内容，安排实施周工作计划。

2. 现场勘察

相关人员进行现场勘察，了解现场安全状况，填写勘察记录。

3. 施工组织

开展安全产生承载力分析，查找和分析现场作业危险点和风险，提出风险控制措施要求；根据现场勘察情况编写组织措施、技术措施、安全措施和施工（作业）方案，评估项目施工风险。

4. 现场安全措施

工作负责人根据工作许可，检查安全措施是否到位，危险点预控措施是否得到落实，施工中是否还存在其他风险。

5. 站班会

开始工作前，现场负责人集中所有作业人员召开站班会，布置工作任务、明确各工作面工作负责人和专责监护人，说明作业范围、作业特点，进行安全措施、技术措施交底，对各专业班组间的工作面配合和程序进行交底，告知危险点及其防控措施、安全操作注意事项、发生事故时的应急措施和其他安全注意事项，交底结束作业人员确认并签字。

6. 现场作业

严格按作业指导书程序和项目、质量标准进行施工作业。

7. 现场监护

工作负责人进行全面监护，及时制止违反安全行为，监督、检查现场危险点预控措施的执行；重要危险施工面派专责监护人监护。

8. 工作终结

全部工作完毕后，工作班清理现场，全部工作人员撤离，检查设备上是否有遗留物，并核对设备状态，然后办理工作终结手续。

9. 班后会

由工作负责人召开班后会，开展班后总结，分析本次工作的安全情况，表扬好人好事，批评忽略安全、违章作业等不良现象，针对下一日工作进行预先布置及安排。

二、营销作业工作（作业）票管理

（1）严格按照《安规》、《变电工作票管理规定》等的规定，在营销现场作业中规范使用工作票、作业票。工作（作业）票的签发人、许可人、工作负责人应具有相应资格。

（2）供电企业人员到客户侧工作需使用工作票时，工作票应实行双签发。当客户无工作票签发人时，应委托供电企业或客户电气设备（工程）检修（施工）单位签发工作票；客户无工作许可人时，由供电企业工作票签发人指定有资格人员担任工作许可人。涉及工程或业务外包的，按公司外包安全管理相关规定执行。

（3）高压客户增（减）容受电工程中间检查、竣工检验需停电的，应使用《变电站（发电厂）第一种工作票》或《配电第一种工作票》，工作票实行双签发制度，由供电企业和客户签发，由客户电气值班人员许可，客户经理为工作负责人。

（4）在运行变电站内的电能表装拆单项作业应使用《变电站（发电厂）第二种工作票》或《配电第二种工作票》，由运维单位签发，由变电站值班运维人员许可，由装接班成员担任工作负责人；当电能表装拆仅是运行变电站某项工作的其中一项任务时，装接班成员作为工作班成员参加工作。新建变电站中的装表作业，应使用施工作业票，装接班成员作为工作班成员参加工作。

（5）客户计量装置一、二次接线与外部电源无电气连接时，电能计量装置装拆应使用施工作业票，由供电企业签发，由客户许可，装接班成员担任工作负责人。客户计量装置一、二次接线与外部电源存在电气连接，若不涉及互感器装拆的换表工作，应使用《电能表带电装（拆）作业票》，由供电企业签发，由装接班成员担任工作负责人；若涉及互感器装拆的，应使用第一种工作票，由客户负责签发和许可，由装接班成员担任工作负责人。

（6）低压表计轮换、采集设备等批量带电装拆时，对同一天、同班组、同类型装置、同类型作业内容的集中区域，可使用同一张《电能表带电装（拆）作业票》，装拆清单应作为作业票的附件。作业票由供电企业签发，由装接班成员或业务外包单位人员担任工作负责人。

（7）低压新装接电、销户断电需停电作业的，应使用《低压工作票》，同一停电范围内的接电、断电点可使用一张工作票。由供电企业签发，由运维单位设备主人许可，由装接班成员或业务外包单位人员担任工作负责人。

（8）10kV 及以上客户接电工作应由供电企业负责，由供电企业负责工作票签发、工作许可，担任工作负责人。有资质的检修（施工）单位人员只能作为工作班成员参加接电工作。

（9）因 10kV 及以上客户销户断电需拆除与公共电网连接点的连接设备及其电源侧连接线时，应使用第一种工作票或带电作业工作票。使用第一种工作票时，应由供电企业和客户共同执行双签发、双许可制度，由供电企业落实客户第一个断开点至公共电网侧的安全措施，进行工作许可；由客户落实客户第一个断开点客户侧安全措施和工作许可，由供电企业人员担任工作负责人。

（10）在运行变电站、开关站、高供高计客户单独开展电能表校验、电压互感器二次压降测量、二次负荷测量等现场工作时，应使用《变电站（发电厂）第二种工作票》或《配电第二种工作票》，由客户服务中心签发，电气值班人员许可，由检验检测班成员担任工作负责人；单独开展客户电能表现场校验时，应由校验班成员担任工作负责人；当现场校验仅是某项工作的其中一项任务时，检验检测班成员作为工作班成员参加。互感器现场停电校验时，应使用《变电站（发电厂）第一种工作票》或《配电第一种工作票》，由设备运维单位签发，电气值班人员许可，由检验检测班成员担任工作负责人。

三、营销现场作业专业协同与计划管理

（1）加强客户沟通。在营业受理及大客户跟踪服务过程中，相关单位应提前宣传、解释供电企业生产计划刚性管理的意义和要求，增进客户对停电计划严肃性和刚性管理的认识，增加停、送电申请时间的提前量和准确性。

（2）强化计划协同。各级供电企业应将客户停、送电需求作为制定生产计划的重要依据，统筹安排检修、基建、技改、业扩等停电工作。110kV 及以上客户业扩停、送电安排应纳入年度停电计划，35kV 的应纳入季度停电计划，10（20）kV 的应纳入（双）周停电计划。在不影响已发布停电计划的停电范围和停电时间的情况下，各级供电企业应将客户临时提出的正式停、送电需求就近纳入已发布的停电计划，增加作业内容，并通知相关各方。

（3）加强计划刚性管理。相关各方应严格按批准的作业计划开展工作，不得擅自变更。因天气原因、客户原因等无法在规定时间实施的，应按生产计划管理要求重新履行相应的审批、发布程序。生产计划调整时，应及时通知相关各方。

（4）加强计划实施前期管理。安排营销工作任务时，应根据工作内容、复杂程度、风险等级等信息，合理选派工作负责人和作业班成员，配备足够、合适的合格工器具及安全防护装备，确保作业时间、人员精力、人员数量、安全管控能力、技术能力、专业结构、作业装备等与工作任务相适应。严禁超越实际能力安排工作。

四、营销作业现场安全管理

1. 严格营销作业现场安全组织措施

工作前必须进行现场勘察、签发工作票、工作许可、进行安全技术交底，工作时执行站班会、工作监护、工作间断、转移、终结、恢复供电等制度。

2. 规范现场勘察工作

（1）使用第一种工作票和施工作业票的工作，必须进行现场勘察。其他复杂工作及工作负责人或签发人认为有必要时应进行现场勘察。

（2）现场勘察应查看营销作业需要停电的范围、保留的带电部位、交叉跨越、多路供电电源、自备电源、施工电源、分布式电源、地下管线设施和作业现场的条件、环境及其他影响作业的危险点，并提出针对性的安全措施和注意事项。

（3）加强运检与营销信息互通。应及时掌握相关设备状态信息的变化情况，特别是接入点相关设备状态以及电气分界点的接线状况。

3. 严格安全技术交底

每次现场作业或检查，工作负责人必须对设备运行状态、工作环境进行复核，发现新增危险点或安全措施未到位时，必须在重新落实防控措施后方可开展作业。工作负责人应向工作班成员进行安全、技术交底，使工作班成员掌握工作任务及分工、工作区域和禁止活动区域，掌握危险点及已采取的措施。

4. 严格工作许可

（1）客户设备检修，需电网设备配合停电时，应由客户经理进行协调。在电网设备停电措施实施后，由电网设备的运维单位负责向客户工作停电联系人许可。

（2）公司系统单位受客户委托在客户设备上工作时，一般应由客户单位具备工作许可人资格的值班电工许可，许可人应核对设备接线情况，并实施安全措施。如委托供电企业担任许可人的，供电企业操作客户设备前，应事先与客户办理委托手续，明确双方责任。

5. 加强处置违规用电的现场安全管理

反窃电及违约用电取证、计量故障紧急抢修等需进行带电测量的，工作时应使用合格的安全工器具、个人绝缘防护用具，正确使用测量仪器仪表，并根据现场情况做好防触电、防坠落等安全措施。

第二节　现场标准化作业规范

一、人员任职及日常安全管理要求

1. 客户服务中心总安全员

（1）任职条件。

1）熟悉国家和上级电力安全生产管理政策、方针、法规和制度；掌握安全生产管理知识和方法。

2）熟悉本单位营销安全生产特点，掌握营销作业风险辨别方法与防范措施的制定。

3）从事营销专业工作四年以上；具有本专业技师及以上职业技术等级资格或工程师及以上技术职称。

4）取得《生产经营单位安全生产管理人员安全培训合格证书》。

5）具有安全监督管理协调能力，具有良好的语言和文字表达能力；能独立制订安全工作计划，起草安全工作总结等。

（2）主要日常安全管理。

1）协助中心领导对安全管理工作进行全面、全员、全过程、全方位的监督检查。组织开展各专业室、乡镇供电所营销安全培训、指导工作；及时协调解决营销安全生产工作中存在的问题。

2）组织开展安全大检查、专项安全检查、事故隐患排查和安全性评价工作，根据存在问题组织制订整改措施计划，并督促整改。

3）指导本中心安全活动，每月至少召集一次安全员例会，研究、布置安全工作；及时传达上级安全工作的政策、制度、事故通报等，组织开展安全日、安全事故警示教育等活动。

4）每月至少组织2次营销安全生产现场检查，根据检查情况，提出处理意见，督促责任部门和班组制定和落实防控措施。

5）具体落实电力安全事故（事件）报告制度，及时、准确汇报安全事故（事件）；配合开展营销安全事故调查工作。

6）按时上报安全活动总结、各类安全检查总结、安全情况分析、"两措"计划完成情况等资料。

7）组织中心各专业室和乡镇供电所制订营销现场作业危险点与预控措施并负责审核。

8）督促、指导专业室、乡镇供电所营销专业安全管理工作。

2. 专业室安全员

（1）任职条件。

1）熟悉本专业安全生产管理政策、方针、法规和制度；了解和熟练运用安全生产管理知识和方法。

2）掌握本专业营销知识，熟悉本部门营销安全生产特点。

3）具有本专业高级工及以上职业技术等级资格或助理工程师及以上技术职称。

4）从事营销专业工作三年以上；并取得《生产经营单位安全生产管理人员安全培训合格证书》。

5）具有一定的语言和文字表达能力，能独立制订安全工作计划，起草安全工作总结，违章分析等。

（2）主要日常安全管理。

1）协助专业室领导与对本专业安全管理工作进行全面、全员、全过程、全方位的监督检查，接受中心总安全员的业务指导与监督。负责相关安全生产规章制度、标准规范的宣贯培训指导工作，督促规章制度的贯彻执行；监督检查安全技术措施的落实及劳动防护用品的使用、保管，及时发现和制止违章违纪行为，指导班组做好各项安全技术管理工作。

2）组织本部门开展季节性安全生产大检查、安全性评价工作、安全专项检查工作，制订整改计划，督促整改措施落实。

3）指导本部门班组安全员履行职责；定期参加班组安全活动，对班组发生的异常、未遂以及违章及时登记上报，并组织分析原因，总结教训，落实改进措施；定期向中心总安全员汇报本部门安全工作开展情况，完成上级下达的临时指令性安全工作。

4）每月至少2次检查现场安全生产工作，指导、监督本部门班组相关专业安全管理工作，及时反馈存在的问题并提出整改措施，督促落实整改；对违反安全生产工作标准的行为提出处理意见。

5）按时上报安全活动总结、各类安全检查总结、安全情况分析、"两措"计划完成情况等资料。

6）组织营销生产班组制订相关营销现场作业危险点与预控措施并负责审核、上报。

7）负责本专业安全监督管理工作。

a.市场及大客户：指导、监督用电检查、业扩报装、重大活动客户侧电力保障、高危及重要客户安全、有序用电、自备电厂、电动汽车智能充换电设施等相关安全生产工作。

b.营业及电费：指导、监督现场抄表、现场补抄、周期核抄、欠费停复电现场操作等相关安全生产工作，督促落实营业厅的安全、保卫、消防管理等工作。

c.电能计量：指导、监督电能计量装置和用电信息采集等设备的装拆、周期轮换、故障处理、设备现场检验等相关安全生产工作。参与电能计量装置重大故障、差错调查与处理，提出反事故措施。

3.班组安全员

（1）任职条件。

1）熟悉涉及本班组安全生产管理方面的相关制度、标准。

2）掌握涉及本班组的营销知识，具备分析、判断和处理异常、未遂以及违章的能力。

3）具有本专业高级工及以上职业技术等级资格或相当专业助理工程师及以上技术职称。

4）从事营销专业工作三年以上；并取得《生产经营单位安全生产管理人员安全培训合格证书》。

5）具有一定的语言和文字表达能力以及较强的执行力和学习能力。

（2）主要日常安全管理。

1）协助班组长开展班组安全生产管理，接受专业室安全员或乡镇供电所安全员的指导、监督。

2）组织本班组安全日活动，对本班组安全生产情况进行总结、分析，开展员工安全思想教育，联系实际，布置当前安全生产重点工作，批评忽视安全、违章作业等不良现象，并做好记录。

3）组织本班组开展安全大检查、专项安全检查、隐患排查和安全性评价工作，及时汇报、处理有关问题。

4）按时上报班组安全活动总结、各类安全检查总结、安全情况分析、"两措"计划完成情况等资料，负责本班组"两票"的检查、统计、分析和上报工作。

5）负责组织本班组开展反违章自查自纠工作。每月至少4次检查现场作业安全生产情况，及时发现和制止违章行为，并提出处理意见。

6）负责制订本班组营销现场作业危险点与预控措施。负责本班组个人劳动防护用品配置、保管、使用等日常管理。

7）负责本班组的安全监督管理工作。

a. 业扩报装：监督检查现场勘察、中间检查、竣工验收等全过程的现场安全措施及安全劳动防护措施落实情况与电力用户初勘及确定供电方案后安全责任的落实情况。

b. 高压用电检查：监督检查用电检查、高危及重要客户安全用电服务、特殊时期客户端保供电等工作现场安全措施的合理性、可靠性、完整性，监督检查客户侧防窃电措施落实情况；督促班组建立健全高危及重要客户台账及定期开展高危及重要用户检查，监督安全隐患闭环管理情况。督促班组建立双电源客户、不并网自备电源台账及定期对双电源客户、不并网自备电源开展检查。监督检查班组工器具、仪器仪表的定置管理、定期试验和安全使用等情况。

c. 低压用电检查：监督检查城区低压客户用电检查、特殊时期客户端保供电等工作现场安全措施的合理性、可靠性、完整性，监督检查客户侧防窃电措施落实情况。督促落实辖区内安全用电知识的宣传普及工作。

d. 电能计量：监督检查电能计量装置、用电信息采集等设备的安装、检测检验等工作中保证安全的组织措施、技术措施、安全生产监护制度的落实情况。监督检查班组工器具、仪器仪表的定置管理、定期试验和安全使用等情况。

e. 智能用电：指导、监督电动汽车智能充换电、分布式电源并网、有序用电等安全管理工作。负责对班组人员正确使用劳动防护用品情况进行监督。

f. 乡镇供电所营业专业：监督检查本班组装表接电现场的安全管理工作，及时发现和纠正习惯性违章行为和安全隐患，指导现场安全作业；定期检查安全工器具及劳动防护用品的工作，及时更换不合格物品，并做好记录；落实营业厅的安全保卫工作。

g. 非生产性营销专业：贯彻落实上级及本单位安全管理规章制度。组织参加周安全日活动，对本班组安全生产情况进行总结、分析，开展员工安全思想教育，联系实际，布置当前安全生产重点工作。组织开展安全大检查、专项安全检查、隐患排查和安全性评价工作，及时汇报、处理有关问题。根据专业部门要求按时上报本班组安全活动总结、各类安全检查总结、安全情况分析、"两措"计划完成情况等资料。

二、业扩报装标准化作业

（1）实施营业厅"一证受理"，在收到客户用电主体资格证明并签署"承诺书"后，正式受理用电申请，现场勘查时收资。提供网上、电话受理服务，根据预约时间完成现场勘察并收资。已有客户资料或资质证件尚在有效期内，则无需客户再次提供。

（2）业扩现场必须先勘察。

1）进入带电设备区现场勘察工作至少两人共同进行，勘察人员应掌握带电设备的位置，与带电设备保持足够安全距离，不得误碰、误动、误登运行设备；

2）工作班成员应在客户电气工作人员的带领下进入工作现场，并在规定的工作范围内工作，做到对现场危险点、安全措施等情况清楚了解；

3）进入带电设备区设专人监护，严格监督带电设备与周围设备及工作人员的安全距离是否足够，不得操作客户设备。对客户设备状态不明时，均视为运行设备。

（3）根据用户申请资料、查勘单，对照检查供电方案答复单。查审批记录。

1）结合业扩勘查，审核客户用电需求、负荷特性、负荷重要性、生产特性、用电设备类型等，掌握客户用电规划；严格执行《供电营业规则》、《国家电网公司业扩供电方案编制导则》、《关于加强重要电力客户供电电源及自备应急电源配置监督管理的意见》等规定；供电企业内部要建立供电方案审查的相关制度，规范供电方案的审查工作；

2）供电方案出现变更。因客户原因造成变更的，应书面通知客户重新办理用电申请；因电网原因造成变更的，应与客户协商、重新确定供电方案后并书面答复客户。

（4）负责客户受电装置图纸审阅工作，出具客户受电工程设计文件审核意见单。

1）严格审核设计单位资质，审核客户受电工程设计文件和有关资料的完整性、准确性。

2）严格按照国家、行业电气设计规范（标准），审查客户设计资料，杜绝装置性隐患。重点检查重要负荷的供电方式和自备电源接入装置。

3）客户电气主设备应具有完善的"五防"联锁功能，有效防止误操作，并配置带电或故障指示器。配电装置有倒送电源时，应装设有带电显示功能的强制闭锁。

（5）开展客户隐蔽工程中间检查工作，并填写客户受电工程中间检查意见单，签字保存。

1）中间检查工作至少两人共同进行。要求客户方或施工方进行现场安全交底，做好相关安全技术措施，确认工作范围内的设备已停电、安全措施符合现场工作需要，明确设备带电与不带电部位、施工电源供电区域，不得随意触碰、操作现场设备，防止触电伤害。

2）进入客户设备运行区域，必须穿工作服、戴安全帽，携带必要照明器材。需攀登杆塔或梯子时，要落实防坠落措施，并在有效的监护下进行。不得在高处落物区通行或逗留。

3）客户工程中间检查的重点包括检查隐蔽工程质量，有无装置性违章问题，是否与审核合格的设计图纸相符，有无对电网安全影响的隐患。检查合格后才能进行后续工程施工。中间检查时发现的隐患，应及时出具书面整改意见，督导客户落实整改措施，形成闭环管理。

（6）客户受电工程施工结束，收到客户受电工程竣工报验后，高压的在7个工作日内，完成现场验收，填写客户受电工程竣工检验意见单，签字保存。

1）竣工检验工作至少两人共同进行。要求客户方或施工方进行现场安全交底，做好相关安全技术措施，确认工作范围内的设备已停电、安全措施符合现场工作需要，明确设备带电与不带电部位、施工电源供电区域，竣工检验中工作人员不得擅自操作客户设备，确需操作的，也必须由客户专业人员进行。

2）严把报验资料关，报验资料不完整、施工单位资质不符要求等情况，不安排竣工检验。

3）涉及多专业、多班组参与的项目，由竣工检验现场负责人牵头（客服中心），由各相关专业技术人员参加，成立检验小组。现场负责人对工作现场进行统一安全交底，明确职责，各专业负责落实相关安全措施和责任。现场负责人应做好现场协调工作。工作必须由客户方或施工方熟悉环境和电气设备的人员配合进行。

4）对未经检验或检验不合格已经接电的客户受电工程，必须立即采取停电措施，严肃处理有关责任人和责任单位，按照公司统一的业扩报装程序重新办理业扩报装竣工报验手续。

5）严格按照电气装置安装工程设计、施工和验收标准与规范进行检验，竣工检验时发现的隐患，及时出具书面整改意见，督导客户落实整改措施，形成闭环管理。复验合格后，方可安排投运工作。

6）在竣工检验工作中，必须穿工作服、戴安全帽、携带照明器材。需攀登杆塔或梯子时，要落实防坠落措施，并在有效的监护下进行。不得在高处落物区通行或逗留。

（7）客户设备投运工作。

1）35kV及以上业扩工程，应成立启动委员会，制定启动方案并按规定执行。35kV以下双电源、配有自备应急电源和客户设备部分运行的项目，应制定切实可行的投运启动方案。所有高压受电工程接电前，必须明确投运现场负责人，由现场负责人（客服中心）组织各相关专业技术人员参加，成立投运工作小组。由现场负责人组织开展安全交底和安全检查，明确职责，各专业分别落实相关安全措施并向负责人确认设备具备投运条件。

2）投运手续不完整的，必须补齐手续；对未经检验或检验不合格已经接电的客户受电工程，必须立即采取停电措施，严肃处理有关责任人和责任单位，按照公司统一的业扩报装程序重新办理业扩报装竣工报验手续。

3）投运工作必须有客户方或施工方熟悉环境和电气设备且具备相应资质人员配合进行。投运前，客户方电气负责人应认真检查设备状况，有无遗漏临时措施，确保现场清理到位，并向现场负责人汇报并签字确认。

4)客户自备应急电源与电网电源之间必须正确装设切换装置和可靠的联锁装置，确保在任何情况下，不并网的自备应急电源均无法向电网倒送电。

三、用电检查（现场检查）标准化作业

（1）用电检查人员应持证上岗；现场检查安排用电检查员的人数不得少于两人。

（2）用电检查工作人员下厂检查不得超越其用电检查证的等级范围。

定期制定现场检查的周期，高压（高供高计）客户每 12 个月至少检查一次，100kW（kVA）及以上客户（不含高供高计）每 24 个月检查一次，对高危及重要客户每 3 个月检查一次。

（3）注意危险点防范措施。遵从用户厂区出入制度管理，不在厂区随意溜达，不进入非用电检查范围的厂区，必要时要求用户派员带路。

（4）用电检查人员在下厂检查过程中，在检查现场不得代替用户进行电工作业，不得代替办理应该由用户办理的相关手续及应该由用户实施的其他相关事宜。

（5）对缺陷用户，应向用户耐心说明其危害性和整改要求，填写客户受电装置及运行管理缺陷通知单，安全隐患及时进行跟踪并督促用户进行整改。

（6）查处窃电行为时，有必要的话应联系公安部门配合，实施联合行动。并事先对检查路线、检查方式做好充分准备。在了解用户负荷等级情况下，采取正确的停电措施。

（7）进入变压器室核实运行设备容量时，有专人监护或与带电设备保持足够安全距离。

（8）欠费停复电，应做到：

1)事先进行现场勘察并落实防触电、防高坠的安全技术措施，指定专人进行工作监护；

2)使用有绝缘柄的工器具和个人防护用具；

3)应先分清相、零线，选好工作位置，断开导线时，应先断开相线，后断开零线，搭接导线时顺序应相反，人体不得同时接触两根线头。

四、电能计量装置装接标准化作业

1. 现场高压电能计量装置装接

（1）根据《安规》办理相应工作票；高压电能计量装置外出装接工作小组至少应有二人。一人监护（负责人），一人工作，不得单人独行。按规定做好安全组织措施和技术措施，确保人身和设备的安全。

（2）工作负责人根据实际情况，办理相应的工作票许可手续，检查安全措施是否正确完备，是否符合现场实际情况，向工作班成员交代安全注意事项和危险点。

（3）采取防止走错间隔措施，履行保障安全的技术措施，工作前验电、装设接地线，与带电设备保持足够的安全距离，与运行设备前后以明显的标志隔开，附近有带电盘和带电部位，必须设专人监护。触摸金属计量箱前必须进行箱体验电。

（4）需要停电工作的，应事先按停、送电的有关规定预先通知用户停电时间。

（5）金属计量箱外壳应确保有效接地。

（6）正确使用电动工具，遵守操作规程，电动工具外壳必须可靠接地，所接电源必须装有漏电保护器。临时电源线绝缘要良好，线径符合要求，加装漏电保护器。

（7）工作中认清设备接线标识，严格按照《装表接电工作标准》要求装接，工作完毕接电后要进行检查核验，确保接线正确。

（8）登高作业穿软底绝缘鞋，正确使用工具包和合格登高工具，并设专人监护。高处工作应使用工具袋，工具、器材上下传递应用绳索拴牢传递，严禁抛掷物品，严禁工作人员站在工作处的垂直下方。

2. 现场低压电能计量装置装接

（1）装接人员根据装接工作派工要求，打印电能计量装接单。

（2）外出装接工作至少二人为一组，其中一人为负责人。

（3）工作现场照明不足的情况下，必须增加使用合格安全的照明用具。

（4）金属计量箱外壳应确保有效接地，并用验电笔确认。

（5）与周围带电设备保持足够的安全距离，将检修设备与运行设备前后以明显的标志隔开，附近有带电盘和带电部位，必须设专人监护。

（6）正确使用电动工具，遵守操作规程，电动工具外壳必须可靠接地，其所接电源必须装有漏电保护器。临时电源线绝缘要良好，线径符合要求，加装漏电保护器。

（7）作业前履行验电程序，对裸露线头进行包扎，检查设备接线正确性。在带电的情况，必须使用绝缘工具。

（8）工作中认清设备接线标识，严格按照规程进行安装。工作完毕后装接负责人应对所安装的电能计量装置进行逐一检查（特别要核对电能表下端回路名称的标签与实际情况是否相符）。三相表还应测定相序为顺相序。然后指定小组成员对所安装的电能表的接线盒进行封印。清理工作场所。

3. 带电装拆电能计量装置

（1）检查作业人员身体精神状况和劳保用品使用情况：

1）参加作业人员的精神状态饱满，无社会干扰及思想负担；

2）参加作业人员有符合作业条件的身体及技术素质，有安全上岗证；

3）参加作业人员按规定着劳保服、低压绝缘鞋和棉纱劳保手套；

4）作业人员没有饮酒。

（2）安全生产工器具按标准配置。使用作业工具采取绝缘保护符合《安规》要求，工具、材料必须妥善放置并站在绝缘垫上进行工作。

（3）被指派工作班人员的专业水平和数量能满足工作任务的需要，现场实际工作人员与派工单上的人员名单一致。

（4）按规定开具了工作票或电能表带电装（拆）作业票。

（5）工作中，严格按照《现场标准化作业指导书》的要求，落实各项安全措施，开展装表接电工作。具体要求：

1）带电安装作业前，班组长要在作业前将人员的任务分工、危险点及控制措施予以详尽的交代；

2）工作现场照明不足的情况下，必须增加使用合格安全的照明用具；

3）严格履行监护制度，安装拆换人员在工作过程中应有监护人监护，应精力集中，不得于他人闲谈；工作负责人（监护人）不得兼做其他工作；

4）确认验电笔能正常使用的情况下对表箱、断路器、线路等验电。工作时与其他带电体保持安全距离，必要时采取防误碰的绝缘隔板等措施；

5）遵守计量二次回路操作规范，严禁电流互感器二次开路、电压互感器二次短路。在装有联合接线盒的计量箱（柜）内进行带电调换电能表时，应先在联合接线盒内逐相短接电流回路短接片；电压回路，先断开 AC 相连接片后断 B 相连接片；低压电能计量装置则先断 ABC 相后断 N 线。拆下的线头必须使用绝缘胶布及时可靠包裹绝缘，然后拆开电能表接线调换电能表。恢复接线时顺序相反。不得同时接触两根以上导线接头；

6）带电作业必须使用安全可靠的绝缘工器具，必须佩戴合格的手套、穿着工作服和绝缘鞋，戴护目镜；不得随意变更现场安全措施；

7）正确使用电动工具，遵守操作规程，电动工具外壳必须可靠接地，其所接电源必须装有漏电保护器；临时电源线绝缘要良好，线径符合要求，加装漏电保护器；

8）工作结束后工作负责人（监护人）至少对接线情况进行两次检查接线，确保接线正确；

9）工作负责人（包括用户）的确认工作完毕，清理工作现场，所有工作人员已撤离，并与装接单核对无误后，方可按正确的操作步骤送电，严禁擅自操作用户电气设备。

4. 电能计量装置现场调换装接

（1）电能计量装置外出装接工作小组至少应有二人。一人监护（负责人），一人工作，不得单人独行。

（2）电能计量装置的调换工作前应核对调表客户的户号、户名、地址、局号、类型与电能计量装接单的所列内容是否一致。然后在电能计量装接单上抄录调下电能表的示数（止度）。

（3）装有联合接线盒的允许不停电调换电能表。但不准不停电调换联合接线盒、电流互感器、电压互感器，不准不停电更换互感器至联合接线盒的二次导线。如果不停电调换电能表，应在电能计量装接单上记录电能表停运时间及负荷。

（4）进行带电调换计量装置时，工作时应使用绝缘工具并戴手套。在装有联合接线盒的计量箱（柜）内进行带电调换电能表时，应先在联合接线盒内逐相短接电流回路短接片；再逐相断开电压回路连接片。然后拆开电能表接线调换电能表。恢复接线时顺序相反。

（5）需要停电工作的，应事先按停、送电的有关规定预先通知用户停电时间。

（6）专线客户计量点在电网侧变电站的，停、复电作业由电网侧变电站的运维人员操作。计量点在用户变电站的，停、复电作业由用户变电站的运维人员操作。计量点在线路的资产分界点且电源开关（自落式熔断器）由配电部门管理的，应由配电部门派人停、复电。

5. 其他工作

（1）在架空线路上工作。

1）在低压架空线路或接户支架上带电搭接接户线、平挑线和进户线工作，应严格遵守《国家电网公司电力安全工作规程（配电部分）》（试行）有关登高作业和低压带电作业的相关条款。在使用梯子登高作业时，梯子必须有人扶住。

2）工作时设专人监护，使用合格的绝缘柄工作，采取防止相间短路和单相接地的绝缘隔离措施。人体不得同时触及二根线头。

（2）在变电站里工作。

1）在变电站里装表、调表工作，应严格遵守 Q/GDW 1799.1—2013《国家电网公司电力安全工作规程 变电部分》有关二次系统工作的相关条款。开具不停电的第二种工作票，严禁将电流互感器二次侧开路，严格防止电压互感器二次侧短路或接地。

2）调换电流互感器时，应开具第一种工作票，现场工作应严格遵守 Q/GDW 1799.1—2013《国家电网公司电力安全工作规程 变电部分》有关规定。

3）在客户处装表、调表、接电、故障表处理等作业时，可以停电作业的，必须停电作业，确实不能停电的，应严格按照《安规》执行。

五、电能计量装置现场校验标准化作业

1. 现场电能表检验

（1）遵守《安规》，办理《变电站（发电厂）第二种工作票》或《配电第一种工作票》；工作至少有两人一起工作，指定其中一人为工作负责人，按规定做好安全组织措施和技术措施，确保人身和设备的安全。触摸金属计量箱前必须进行箱体验电。

（2）使用作业工具采取绝缘保护符合《安规》要求，工具、材料必须妥善放置并站在绝缘垫上进行工作。正确穿戴劳动防护用品。

（3）到达现场后，工作负责人办理《变电站（发电厂）第二种工作票》或《配电第二种工作票》许可手续，检查安全措施是否正确完备，是否符合现场实际情况，向工作班成员交代安全注意事项和危险点。

（4）在检定装置启动前，应检查电能表接线正确性。将电流、电压专用试验线分别接入现场检验仪电流、电压端子，用万用表电阻挡（电流用 2k 挡，电压线用 200k 挡）检查电能表现场校验仪电压、电流接线接触是否良好。

（5）遵守计量二次回路操作规范，严禁电流互感器二次开路、电压互感器二次短路。通过联合接线盒，将电能表现场检验仪的电压、电流线按序接入被检电能表的电压、电流回路，连接可靠；观察现场校验仪显示的电压正常后，打开电流短接片，并观察现场校验仪电流显示状况。当电流显示异常时，立即恢复电流短接片，进行异常检查。

（6）检定过程中接线脱落，检定装置各电参数归零后恢复接线；检定完毕后，检定装置各电参数应归零，再拆线。工作完毕接电后，要进行检查核验，确保接线正确。

（7）登高作业穿软底绝缘鞋，正确使用工具包和合格的登高工具，并应有专人监护。高处工作应使用工具袋，工具、器材上下传递应用绳索栓牢传递，严禁抛掷物品，严禁工作人员站在工作处的垂直下方。

2. 现场互感器检验

（1）高压互感器现场检定工作应根据《安规》要求。按规定做好安全组织措施和技术措施，确保人身和设备的安全，办理相应工作票。工作至少有三人一起工作，并指定一名有资质的人员担任现场安全专职监护人，安全监护人应按照相关规定履行其职责，作好危险点分析及预控。

（2）工作负责人根据工作任务，规范填写《现场校验工作单》，进行现场勘测，主要包括以下内容：

1）确定现场检定工作地点和工作内容；

2）获取被检对象的技术参数（包括互感器及二次回路的所有参量）及出厂测试技术数据；

3）确定现场运行的主接线方式及被测回路的正常运行方式；

4）确认现场是否具备符合要求的检定用供电电源。临时电源线应由专用电源接入，加装漏电保护器，绝缘良好，线径符合要求，电源线应可靠固定；

5）根据被检互感器现场位置，确定合理地放置检定设备及相应的准备工作。

（3）工作班成员根据确定的现场工作日期，准备现场工作必需的检定设备、工器具和防护用品。使用作业工具采取绝缘保护符合《安规》要求，工具、材料必须妥善放置并站在绝缘垫上进行工作。

（4）工作负责人根据实际情况，办理工作票许可手续。

在不停电的情况下，进行计量用电压互感器二次回路导线压降的测试及电压互感器实际二次负荷测定时，应填用第二种工作票。在停电的情况下，进行计量用电压、电流互感器现场测试工作时，应填用第一种工作票。

并检查安全措施是否正确完备，是否符合现场实际情况。向工作班成员交代安全注意事项和危险点，对使用中停电检定互感器，还应做好下列安全措施：

1）电流互感器从系统中隔离，并在一次侧两端挂接地线；

2）确认电流互感器被测的计量二次绕组及回路；

3）电流互感器二次有关保护回路应退出；

4）电流互感器被测二次回路外其他二次回路（包括一次回路中相连的其他非被测电流互感器二次回路）应可靠短路；

5）对被检定设备一、二次回路进行检查核对，确认无误后方可工作；

6）试验中严禁电流互感器二次回路开路，严禁电压互感器二次回路短路。

短路电流互感器二次绕组时，必须使用短路片或短路线，短路应妥善可靠，严禁用导线缠绕；

7）严禁在被试电流互感器二次试验回路上进行任何与现场检定无关工作。

（5）登高绝缘梯子必须由两人放平搬运，防止人员碰伤或者设备碰坏，与带电设备保持足够的安全距离，对绝缘梯采用可靠防滑措施，有专人扶持。

（6）登高作业穿软底绝缘鞋，正确使用工具包和合格的登高工具，并应有专人监护。高处工作应使用工具袋，工具、器材上下传递应用绳索栓牢传递，严禁抛掷物品，严禁工作人员站在工作处的垂直下方。

（7）工作人员按要求开展现场校验工作，现场专职安全监护人员负责安全监护。工作现场合理摆放检定设备，工作人员相互呼唱，与测试区域保持足够安全距离，工作负责人确认测试区域无人，方可接上试验电源。试验设备接试验电源时，应通过开关控制，并有监视仪表和保护装置。

（8）电压互感器检验完成对一次侧进行放电时，必须戴绝缘手套和穿绝缘靴，使用放电棒，防止触电。

（9）工作终结。

整理工器具、材料、清理作业现场，人员安全撤离工作现场。工作负责人办理工作票终结手续。

3. 室内校验

（1）设置隔离围栏，向外悬挂"止步，高压危险！"标示牌。装置启动前，确保人员已离开试验区域，关闭隔离围栏门。

（2）耐压试验时应注意高压线和低压线、周围物体保持足够的安全距离；装置、电压互感器外壳、未试验的二次端子全部可靠接地。

（3）检查接线的可靠性，防止电流回路开路。

（4）装置应定期进行维护、测试，并做好记录。

（5）至少两人一起工作，并严格执行《安规》相关要求，确保人身和设备的安全。

（6）检定人员着装应符合实验室环境要求。

4. 测试电压互感器二次回路压降

（1）计量现场工作至少两人同时进行。采取防止走错间隔措施，履行保障安全的技术措施，工作前验电、装设接地线，与带电设备保持足够的安全距离，将检修设备与运行设备前后以明显的标志隔开，附近有带电盘和带电部位，必须设专人监护。触摸金属计量箱前必须进行箱体验电。

（2）使用作业工具采取绝缘保护符合《安规》要求，工具、材料必须妥善放置。

（3）遵守计量二次回路操作规范，严禁电压互感器二次短路。

（4）工作中认清设备接线标识，严格按照规程进行，试验过程应呼唱，设专人监护，工作完毕接电后要进行检查核验，确保接线正确。

（5）临时电源线应由专用电源接入，加装漏电保护器，绝缘良好，线径符合要求，电源线应可靠固定。

5. 其他安全要求

（1）工作人员精神状态良好，劳保用品使用规范。

（2）明确作业任务，确定工作人员和工作职责。

（3）遵守《安规》和《供电服务规范》。

（4）人体不得同时接触两根线头。

（5）遵守客户的出入管理制度，主动出示证件，说明事由，登记入内，并遵守客户的相关规定。

（6）工作现场，应有客户代表陪同，注意四周环境，客户代表到达现场后，方可开始工作。

（7）在接通和断开电流端子时，必须用仪表进行监视。

（8）电能表现校验仪操作，严格按照操作规程进行。

（9）采用带电流钳现场校验仪时，电流钳接触面应清洁可靠，并注意接线，现场校验仪采样电压接电能表进线端，电流钳电能表接出线。

六、抄核收标准化作业

1. 抄表工作

（1）制订抄表计划，按照抄表例日将需要抄表的抄区制订抄表计划，并发送至数据准备。

（2）及时进行抄表区的下装；核对相对应的抄表区码与抄表人员，选择对应的抄表机与端口，通信时速。

（3）在抄表例日当天进行现场抄表，抄表时核对表计户号，局号，观察表计电压、电流缺相情况等，发现异常情况及时书面或口头报告班组长。

（4）按规定，在指定位置放置"电费缴款通知单"，第一次抄表的，在单元公告栏张贴告知书。对于专用变压器用户，在当月电费发行之后，将"电费清单"传真给用户，或电话通知用户。

（5）抄表数据上装，并发送。

（6）打印抄表数据校对清单，抄表人员对数据核查，起止度校对，全部核查正确后将流程发送至电费计算环节。

（7）以上全过程须在两天之内完成，双休日、节假日等不顺延。

2. 电费核算

（1）抄区维护、管理，对抄区电脑数据处理。新户移区、跨区调整需营业厅电费班班长审批。新装客户的第一次抄表，必须在送电后的一个抄表周期内完成，严禁超周期抄表。

（2）电费差错退补并进行台账记录，根据业务联系单填电量电费退补审批单，并上报账务中心审批。根据纸质流程，做相应退补流程；每月根据退补审批单记录台账。

（3）暂缓电费违约金，需填具电费违约金暂缓审批单，并上报市局账务中心审批，根据纸质流程做相应暂缓流程。

3. 催费

（1）电话催缴、现场催缴，按照有关规定发放"催缴电费通知书"。

（2）若超过"催缴电费通知书"上的截止日期还未结清电费，则发放"欠费停电通知书"。

（3）对自缴费截止日起计算超过 30 日，经催交仍未交付电费的客户，按规定执行"欠费停电"程序，缴款后实施复电手续。欠费停电信息需录入 95598 客服系统。

第三节　现场标准化作业指导书（卡）的编制和应用

编制和执行标准化作业指导书是实现现场标准化作业的具体形式和方法。标准化作业指导书应突出安全和质量两条主线，对现场作业活动的全过程进行细化、量化、标准化，保证作业过程安全和质量处于"可控、在控"状态，达到事前管理、过程控制的要求和预控目标。现场作业指导书对作业计划、准备、实施、总结等各个环节，明确具体操作的方法、步骤、措施、标准和人员责任，依据工作流程组合成的执行文件。

一、现场标准化作业指导书（卡）的编制原则和依据

1. 现场标准化作业指导书的编制原则

按照电力安全生产有关法律法规、技术标准、规程规定的要求和《国家电网公司现场标准化作业指导书编制导则》，作业指导书的编制应遵循以下原则：

（1）坚持"安全第一、预防为主、综合治理"的方针，体现凡事有人负责、凡事有章可循、凡事有据可查、凡事有人监督。

（2）符合安全生产法规、规定、标准、规程的要求，具有实用性和可操作性。概念清楚、表达准确、文字简练、格式统一，且含义具有唯一性。

（3）现场作业指导书的编制应依据生产计划和现场作业对象的实际，进行危险点分析，制定相应的防范措施。体现对现场作业的全过程控制，体现对设备及人员行为的全过程管理。

（4）现场作业指导书应在作业前编制，注重策划和设计，量化、细化、标准化每项作业内容。集中体现工作（作业）要求具体化、工作人员明确化、工作责任直接化、工作过程程序化，做到作业有程序、安全有措施、质量有标准、考核有依据，并起到优化作业方案，提高工作效率、降低生产成本的作用。

（5）现场作业指导书应以人为本，贯彻安全生产健康环境质量管理体系（SHEQ）的要求，应规定保证本项作业安全和质量的技术措施、组织措施、工序及验收内容。

（6）现场作业指导应结合现场实际由专业技术人员编写，由相应的主管部门审批，编写、审核、批准和执行应签字齐全。

2. 现场标准化作业指导书的编制依据

（1）安全生产法律、法规、规程、标准及设备说明书。

（2）缺陷管理、反措要求、技术监督等企业管理规定和文件。

二、现场标准化作业指导书的结构内容及格式

现场标准化作业指导书由封面、范围、引用文件、修前准备、流程图、作业程序和工艺标准、验收记录、指导书执行情况评估和附录九项内容组成。

1. 封面

由作业名称、编号、编写人及时间、审核人及时间、批准人及时间、作业负责人、作业工期、编写单位等8项内容组成。其中：

（1）作业名称包含：作业地点、设备的电压等级、编号及作业的性质，如"××变电站××kV××线××断路器大修作业指导书"；

（2）编号应具有唯一性和可追溯性，便于查找。可采用企业标准编号，Q/×××，位于封面的右上角；

（3）编写人及时间：负责作业指导书的编写，在指导书编写人一栏内签名，并注明编写时间；

（4）审核人及时间，负责作业指导书的审核，对编写的正确性负责。在指导书审核人一栏内签名，并注明审核时间；

（5）批准人及时间：作业指导书执行的许可人在指导书批准人一栏内签名，并注明批准时间；

（6）作业负责人组织执行作业指导书，对作业的安全、质量负责。在指导书作业负责人一栏内签名；

（7）作业工期是指现场作业具体工作时间；

（8）编制部门是指作业指导书的具体编制单位。

2．范围

对作业指导书的应用范围做出具体的规定。

3．引用文件

明确编写作业指导书所引用的法规、规程、标准、设备说明书及企业管理规定和文件（按标准格式列出）。

4．修前准备

（1）准备工作安排：

1）明确作业项目、确定作业人员并组织学习作业指导书；

2）确定准备检修所需物品的时间和要求；

3）核定工作票、动火票的时间和要求；

4）现场定置摆放的时间和要求。

（2）作业人员要求：

1）规定工作人员的精神状态；

2）规定工作人员的资格，包括作业技能、安全资质和特殊工种资质。

（3）备品备件。根据检修项目，确定所需的备品备件。

（4）工器具。包括专用工具、常用工器具、仪器仪表、电源设施、消防器材等。

（5）材料。包括消耗性材料、装置性材料等。

（6）定置图及围栏图。规定检修现场所需材料、工器具的放置位置及现场围栏装设位置。

（7）危险点分析。包括：

1）作业场地的特点，如带电、交叉作业、高处等可能给作业人员带来的危险因素；

2）工作环境的情况，如高温、高压、易燃、易爆、有害气体、缺氧等，可能给工作人员安全健康造成的危害；

3）工作中使用的机械、设备、工具等可能给工作人员带来的危害或设备异常；

4）操作程序、工艺流程颠倒，操作方法的失误等可能给工作人员带来的危害或设备异常；

5）作业人员的身体状况不适、思想波动、不安全行为、技术水平能力不足等可能带来的危害或设备异常；

6）其他可能给作业人员带来危害或造成设备异常的不安全因素。

（8）安全措施。规定：

1）保护试验过程中与相邻屏柜的隔离措施；

2）各类工器具、试验仪器使用措施；

3）特殊工作措施，如：高处作业、电气焊、油气处理、汽油的使用管理等；

4）专业交叉作业措施，如：高压试验、保护传动等；

5）对危险点、相临带电部位所采取的措施；

6）工作票中所规定的安全措施；

7）规定着装。

（9）人员分工。明确作业人员所承担的具体作业任务。

5. 流程图

将现场作业的全过程以最佳的顺序，对作业项目完成时间进行量化，明确完成时间和责任人，而形成的作业流程。

6. 作业程序和工艺标准

（1）开工。包括：

1）规定办理开工许可手续前应检查落实的内容；

2）规定开工会的内容；

3）规定现场到位人员。

（2）检修电源的使用。包括：

1）规定电源接取的位置；

2）规定配电箱的配置；

3）规定接取电源的注意事项；

4）对导线的要求。

（3）动火。包括：

1）规定动火人员的资格、防护措施；

2）规定消防措施；

3）规定动火前的检查项目。

（4）作业内容和工艺标准。按照作业流程图，对每一个检修项目，明确工艺标准、安全措施及注意事项，记录结果和责任人。

（5）竣工。规定工作结束后的注意事项。如：清理工作现场、关闭检修电源、清点工具、回收材料、办理工作票终结等。

7. 验收记录

（1）记录改进和更换的零部件。

（2）存在问题及处理意见。

（3）检修班组验收意见及签字。

（4）运行单位验收意见及签字。

（5）检修车间验收意见及签字。

（6）公司验收意见及签字。

8. 指导书执行情况评估

（1）对指导书的符合性、可操作性进行评价。

（2）对可操作项、不可操作项、修改项、遗漏项、存在问题做出统计。

（3）提出改进意见。

9. 附录

（1）设备主要技术参数。

（2）调试数据记录。

现场标准化作业指导书范例见附录 A。

三、标准化作业指导书现场执行卡的编制

按照"简化、优化、实用化"的要求，现场标准化作业根据不同的作业类型，采用风险控制卡、工序质量控制卡，重大检修项目应编制施工方案。风险控制卡、工序质量控制卡统称现场执行卡。

现场执行卡的编写和使用应遵守以下原则：

（1）符合安全生产法规、规定、标准、规程的要求，具有实用性和可操作性。内容应简单、明了、无歧义。

（2）应针对现场和作业对象的实际，进行危险点分析，制定相应的防范措施，体现对现场作业的全过程控制，对设备及人员行为实现全过程管理，不能简单照搬照抄范本。

（3）现场执行卡的使用应体现差异化，根据作业负责人技能等级区别使用不同级别的现场执行卡。

（4）应重点突出现场安全管理，强化作业中工艺流程的关键步骤。

（5）原则上，凡使用工作票的停电检修作业，应同时对应每份工作票编写和使用一份现场执行卡。对于部分作业指导书包含的复杂作业，也可根据现场实际需要对应一份或多份现场执行卡。

（6）涉及多专业的作业，各有关专业要分别编制和使用各自专业的现场执行卡，现场执行卡在作业程序上应能实现相互之间的有机结合。

现场执行卡采用分级编制的原则，根据工作负责人的技能水平和工作经验使用不同等级的现场执行卡。设定工作负责人等级区分办法，根据各工作负责人的技能等级和工作经验及能力综合评定，并每年审核下发负责人等级名单。工作负责人应依据单位认定的技能等级采用相应的现场执行卡。

四、标准化作业指导书（现场执行卡）的应用

现场标准化作业对列入生产计划的各类现场作业均必须使用经过批准的现场标准化作业指导书（现场执行卡）。各单位在遵循现场标准化作业基本原则的基础上，根据实际情况对现场标准化作业指导书（现场执行卡）的使用做出明确规定，并可以采用必要的方便现场作业的措施。

（1）现场标准化作业指导书（现场执行卡）在使用前必须进行专题学习和培训，保证作业人员熟练掌握作业程序和各项安全、质量要求。

（2）在现场作业实施过程中，工作负责人对现场标准化作业指导书（现场执行卡）按作业程序的正确执行负全面责任。工作负责人应亲自或指定专人按现场执行步骤填写、逐项打勾和签名，不得跳项和漏项，并做好相关记录。有关人员也必须履行签字手续。

（3）依据现场标准化作业指导书（现场执行卡）进行工作过程中，如发现与现场实际、相关图纸及有关规定不符等情况时，应由工作负责人根据现场实际情况及时修改现场标准化作业指导书（现场执行卡），并经现场标准化作业指导书（现场执行卡）审批人同意后，方可继续按现场标准化作业指导书（现场执行卡）进行作业。作业结束后，现场标准化作业指导书（现场执行卡）审批人应履行补签字手续。

（4）依据现场标准化作业指导书（现场执行卡）进行工作过程中，如发现设备存在事先未发现的缺陷和异常，应立即汇报工作负责人，并进行详细分析，制定处理意见，并经现场标准化作业指导书（现场执行卡）审批人同意后，方可进行下一项工作。设备缺陷或异常情况及处理结果，应详细记录在场标准化作业指导书（现场执行卡）中。作业结束后，现场标准化作业指导书（现场执

行卡）审批人应履行补签字手续。

（5）作业完成后，工作负责人应对现场标准化作业指导书（现场执行卡）的应用情况做出评估，明确修改意见并在作业完工后及时反馈现场标准化作业指导书（现场执行卡）编制人。

（6）事故抢修、紧急缺陷处理等突发临时性工作，应尽量使用现场标准化作业指导书（现场执行卡）。在条件不允许的情况下，可不使用现场标准化作业指导书（现场执行卡），但要按照标准化作业的要求，在工作开始前进行危险点分析并采取相应安全措施。

（7）对大型、复杂、不常进行、危险性较大的作业，应编制风险控制卡、工序质量控制卡和施工方案，并同时使用作业指导书。

对危险性相对较小的作业，规模一般的作业，单一设备的简单和常规作业，作业人员较熟悉的作业，应在对作业指导书进行充分熟悉的基础上，编制和使用现场执行卡。

五、标准化作业指导书（现场执行卡）的管理

标准化作业应按分层管理原则对现场标准化作业指导书（现场执行卡）明确归口管理部门。公司各单位应明确现场标准化作业指导书（现场执行卡）管理的负责人、专责人，负责现场标准化作业作业的严格执行。

（1）现场标准化作业指导书一经批准，不得随意更改。如因现场作业环境发生变化、指导书与实际不符等情况需要更改时，必须立即修订并履行相应的批准手续后才能继续执行。

（2）执行过的标准化作业指导书（现场执行卡）应经评估、签字、主管部门审核后存档。检修作业指导书保存不少于一个检修周期。

（3）现场标准化作业指导书实施动态管理。应及时进行检查总结、补充完善。作业人员应及时填写使用评估报告，对指导书的针对性、可操作性进行评价，提出改进意见，并结合实际进行修改。工作负责人和归口管理部门应对作业指导书的执行情况进行监督检查，并定期对作业指导书及其执行情况进行评估，将评估结果及时反馈给编写人员，以指导日后的编写。

（4）对于未使用现场标准化作业指导书进行的事故抢修、紧急缺陷处理等突发临时性工作，应在工作完成后，及时补充编写针对性现场标准化作业指导书，用于今后类似工作。

（5）积极探索，采用现代化的管理手段，开发现场标准化作业管理软件，逐步实现现场标准化作业信息网络化。

第五章　生产现场的安全设施

　　安全设施是指在生产现场经营活动中将危险因素、有害因素控制在安全范围内，以及预防、减少、消除危害所设置的安全标志、设备标志、安全警示线、安全防护设施等的统称。变电站内生产活动所涉及的场所、设备（设施）、检修施工等特定区域以及其他有必要提醒人们注意危险有害因素的地点，应配置标准化的安全设施。

　　安全设施的配置要求：

　　（1）安全设施应清晰醒目、规范统一、安装可靠、便于维护，适应使用环境要求。

　　（2）安全设施所用的颜色应符合 GB 2893—2008《安全色》的规定。

　　（3）变电设备（设施）本体或附近醒目位置应装设设备标志牌，涂刷相色标志或装设相位标志牌。

　　（4）变电站设备区与其他功能区、运行设备区与改（扩）建专业室之间应装设区域隔离遮栏。不同电压等级设备区宜装设区域隔离遮栏。

　　（5）生产场所安装的固定遮栏应牢固，工作人员出入的门等活动部分应加锁。

　　（6）变电站入口应设置减速线，变电站内适当位置应设置限高、限速标志。设置标志应易于观察。

　　（7）变电站内地面应标注设备巡视路线和通道边缘警戒线。

　　（8）安全设施设置后，不应构成对人身伤害、设备安全的潜在风险或妨碍正常工作。

第一节　安全标志

　　安全标志是指用以表达特定安全信息的标志，由图形符号、安全色、几何形状（边框）和文字构成。安全标志分禁止标志、警告标志、指令标志、提示标志四大基本类型和消防安全标志等特定类型。

一、一般规定

（1）变电站设置的安全标志包括禁止标志、警告标志、指令标志、提示标志四种基本类型和消防安全标志、道路交通标志等特定类型。

（2）安全标志一般使用相应的通用图形标志和文字辅助标志的组合标志。

（3）安全标志一般采用标志牌的形式，宜使用衬边，以使安全标志与周围环境之间形成较为强烈的对比。

（4）安全标志所用的颜色、图形符号、几何形状、文字，标志牌的材质、表面质量、衬边及型号选用、设置高度、使用要求应符合 GB 2894《安全标志及其使用导则》的规定。

（5）安全标志牌应设在与安全有关场所的醒目位置，便于进入变电站的人们看到，并有足够的时间来注意它所表达的内容。环境信息标志宜设在有关场所的入口处和醒目处；局部环境信息应设在所涉及的相应危险地点或设备（部件）的醒目处。

（6）安全标志牌不宜设在可移动的物体上，以免标志牌随母体物体相应移动，影响认读。标志牌前不得放置妨碍认读的障碍物。

（7）多个标志在一起设置时，应按照警告、禁止、指令、提示类型的顺序，先左后右、先上后下地排列，且应避免出现相互矛盾、重复的现象。也可以根据实际，使用多重标志。

（8）安全标志牌应定期检查，如发现破损、变形、褪色等不符合要求时，应及时修整或更换。修整或更换时，应有临时的标志替换，以避免发生意外伤害。

（9）变电站入口，应根据站内通道、设备、电压等级等具体情况，在醒目位置按配置规范设置相应的安全标志牌。如"当心触电"、"未经许可　不得入内"、"禁止吸烟""必须戴安全帽"等，并应设立限速的标识（装置）。

（10）设备区入口，应根据通道、设备、电压等级等具体情况，在醒目位置按配置规范设置相应的安全标志牌。如"当心触电""未经许可　不得入内""禁止吸烟""必须戴安全帽"及安全距离等，并应设立限速、限高的标识（装置）。

（11）各设备间入口，应根据内部设备、电压等级等具体情况，在醒目位置按配置规范设置相应的安全标志牌。如主控制室、继电器室、通信室、自动装置室应配置"未经许可　不得入内""禁止烟火"；继电器室、自动装置室应配置"禁止使用无线通信";高压配电装置室应配置"未经许可　不得入内""禁止烟火";GIS 组合电器室、SF$_6$ 设备室、电缆夹层应配置"禁止烟火""注意通风""必须戴安全帽"等。

二、禁止标志及设置规范

禁止标志是指禁止或制止人们不安全行为的图形标志。常用禁止标志名称、图形标志示例及设置规范见表 5-1。

表 5-1　　　　　　　常用禁止标志名称、图形标志示例及设置规范

序号	名称	图形标志示例	设置范围和地点
1	禁止烟火	 禁止烟火	主控制室、继电器室、蓄电池室、通信室、自动装置室、变压器室、配电装置室、检修、试验工作场所、电缆夹层、隧道入口、危险品存放点等处
2	禁止用水灭火	 禁止用水灭火	变压器室、配电装置室、继电器室、通信室、自动装置室等处（有隔离油源设施的室内油浸设备除外）
3	禁止跨越	 禁止跨越	不允许跨越的深坑（沟）等危险场所、安全遮栏等处
4	未经许可不得入内	 未经许可 不得入内	易造成事故或对人员有伤害的场所的入口处，如高压设备室入口、消防泵室、雨淋阀室等处
5	禁止堆放	 禁止堆放	消防器材存放处、消防通道、逃生通道及变电站主通道、安全通道等处
6	禁止使用无线通信	 禁止使用无线通信	继电器室、自动装置室等处

序号	名　　称	图形标志示例	设置范围和地点
7	禁止合闸 有人工作	 禁止合闸 有人工作	一经合闸即可送电到施工设备的断路器和隔离开关操作把手上等处
8	禁止合闸 线路有人 工作	 禁止合闸 线路有人工作	线路断路器和隔离开关把手上
9	禁止分闸	 禁止分闸	接地刀闸与检修设备之间的断路器操作把手上
10	禁止攀登 高压危险	 禁止攀登 高压危险	高压配电装置构架的爬梯上，变压器、电抗器等设备的爬梯上

三、警告标志及设置规范

警告标志是指提醒人们对周围环境引起注意，以避免可能发生危险的图形标志。常用警告标志名称、图形标志示例及设置规范见表 5-2。

表 5-2　　　　常用警告标志名称、图形标志示例及设置规范

序号	名称	图形标志示例	设置范围和地点
1	注意安全	 注意安全	易造成人员伤害的场所及设备等处
2	注意通风	 注意通风	SF_6 装置室、蓄电池室、电缆夹层、电缆隧道入口等处

序号	名称	图形标志示例	设置范围和地点
3	当心火灾	当心火灾	易发生火灾的危险场所,如电气检修试验、焊接及有易燃易爆物质的场所
4	当心爆炸	当心爆炸	易发生爆炸危险的场所,如易燃易爆物质的使用或受压容器等地点
5	当心中毒	当心中毒	装有 SF_6 断路器、GIS 组合电器的配电装置室入口,生产、储运、使用剧毒品及有毒物质的场所
6	当心触电	当心触电	设置在有可能发生触电危险的电气设备和线路,如配电装置室、开关等处
7	当心电缆	当心电缆	暴露的电缆或地面下有电缆处施工的地点
8	当心腐蚀	当心腐蚀	蓄电池室内墙壁等处
9	止步 高压危险	止步 高压危险	带电设备固定遮栏上,室外带电设备构架上,高压试验地点安全围栏上,因高压危险禁止通行的过道上,工作地点临近室外带电设备的安全围栏上,工作地点临近带电设备的横梁上等处

四、指令标志及设置规范

指令标志是指强制人们必须做出某种动作或采用防范措施的图形标志。常用指令标志名称、图形标志示例及设置规范见表 5-3。

表 5-3　　　　常用指令标志名称、图形标志示例及设置规范

序号	名称	图形标志示例	设置范围和地点
1	必须戴防毒面具	必须戴防毒面具	设置在具有对人体有害的气体、气溶胶、烟尘等作业场所，如有毒物散发的地点或处理有毒物造成的事故现场等处
2	必须戴安全帽	必须戴安全帽	设置在生产现场（办公室、主控制室、值班室和检修班组室除外）
3	必须戴防护手套	必须戴防护手套	设置在易伤害手部的作业场所，如具有腐蚀、污染、灼烫、冰冻及触电危险的作业等处
4	必须穿防护鞋	必须穿防护鞋	设置在易伤害脚部的作业场所，如具有腐蚀、灼烫、触电、砸（刺）伤等危险的作业地点

五、提示标志及设置规范

提示标志是指向人们提供某种信息（如标明安全设施或场所等）的图形标志。常用提示标志名称、图形标志示例及设置规范见表 5-4。

表 5-4　　　　常用提示标志名称、图形标志示例及设置规范

序号	名　称	图形标志示例	设置范围和地点
1	在此工作	在此工作	工作地点或检修设备上

序号	名　称	图形标志示例	设置范围和地点
2	从此上下	从此上下	工作人员可以上下的铁（构）架、爬梯上
3	从此进出	从此进出	工作地点遮栏的出入口处
4	紧急洗眼水		悬挂在从事酸、碱工作的蓄电池室、化验室等洗眼水喷头旁
5	安全距离	220kV 设备不停电时的安全距离	根据不同电压等级标示出人体与带电体最小安全距离。设置在设备区入口处

六、消防安全标志及设置规范

消防安全标志是指用以表达与消防有关的安全信息，由安全色、边框、以图像为主要特征的图形符号或文字构成的标志。

在变电站的主控制室、继电器室、通信室、自动装置室、变压器室、配电装置室、电缆隧道等重点防火部位入口处以及储存易燃易爆物品仓库门口处应合理配置灭火器等消防器材，在火灾易发生部位设置火灾探测和自动报警装置。

各生产场所应有逃生路线的标示，楼梯主要通道门上方或左（右）侧装设紧急撤离提示标志。

常用消防安全标志名称、图形标志示例及设置规范见表5-5。

表5-5　　　　　　　常用消防安全标志名称、图形标志示例及设置规范

序号	名称	图形标志示例	设置范围和地点
1	消防手动启动器		依据现场环境，设置在适宜、醒目的位置

序号	名称	图形标志示例	设置范围和地点
2	火警电话		依据现场环境，设置在适宜、醒目的位置
3	消火栓箱		设置在生产场所构筑物内的消火栓处
4	地上消火栓		固定在距离消火栓 1m 的范围内，不得影响消火栓的使用
5	地下消火栓		固定在距离消火栓 1m 的范围内，不得影响消火栓的使用
6	灭火器		悬挂在灭火器、灭火器箱的上方或存放灭火器、灭火器箱的通道上。泡沫灭火器身上应标注"不适用于电火"字样
7	消防水带		指示消防水带、软管卷盘或消防栓箱的位置
8	灭火设备或报警装置的方向		指示灭火设备或报警装置的方向
9	疏散通道方向		指示到紧急出口的方向。用于电缆隧道指向最近出口处

序号	名称	图形标志示例	设置范围和地点
10	紧急出口		便于安全疏散的紧急出口处，与方向箭头结合设在通向紧急出口的通道、楼梯口等处
11	消防水池	1号消防水池	装设在消防水池附近醒目位置，并应编号
12	消防沙池（箱）	1号消防沙池	装设在消防沙池（箱）附近醒目位置，并应编号
13	防火墙	1号防火墙	在变电站的电缆沟（槽）进入主控制室、继电器室处和分接处、电缆沟每间隔约 60m 处应设防火墙，将盖板涂成红色，标明"防火墙"字样，并应编号

七、道路交通标志及设置规范

道路交通标志是用以管制及引导交通的一种安全管理设施。用文字和符号传递引导、限制、警告或指示信息的道路设施。

限制高度标志表示禁止装载高度超过标志所示数值的车辆通行。

限制速度标志表示该标志至前方解除限制速度标志的路段内，机动车行驶速度（单位为 km/h）不准超过标志所示数值。

变电站道路交通标志、图形标志示例及设置规范见表 5-6。

表 5-6   变电站道路交通标志、图形标志示例及设置规范

序号	名称	图形标志示例	设置范围和地点
1	限制高度标志		变电站入口处、不同电压等级设备区入口处等最大容许高度受限制地方
2	限制速度标志		变电站入口处、变电站主干道及转角处等需要限制车辆速度的路段起点

第二节　设备标志

设备标志是指用以标明设备名称、编号等特定信息的标志，由文字和（或）图形构成。设备标志由设备名称和设备编号组成。设备标志应定义清晰，具有唯一性。功能、用途完全相同的设备，其设备名称应统一。

一般规定：

（1）设备标志牌应配置在设备本体或附件醒目位置。

（2）两台及以上集中排列安装的电气盘应在每台盘上分别配置各自的设备标志牌。两台及以上集中排列安装的前后开门电气盘前、后均应配置设备标志牌，且同一盘柜前、后设备标志牌一致。

（3）GIS 设备的隔离开关和接地开关标志牌根据现场实际情况装设，母线的标志牌按照实际相序位置排列，安装于母线筒端部；隔室标志安装于靠近本隔室取气阀门旁醒目位置，各隔室之间通气隔板周围涂红色，非通气隔板周围涂绿色，宽度根据现场实际确定。

（4）电缆两端应悬挂标明电缆编号名称、起点、终点、型号的标志牌，电力电缆还应标注电压等级、长度。

（5）各设备间及其他功能室入口处醒目位置均应配置房间标志牌，标明其功能及编号，室内醒目位置应设置逃生路线图、定置图（表）。

（6）电气设备标志文字内容应与调度机构下达的编号相符，其他电气设备的标志内容可参照调度编号及设计名称。一次设备为分相设备时应逐相标注，直流设备应逐级标注。

设备标志名称、图形标志示例及设置规范见表5-7。

表 5-7　　　　　　　　设备标志名称、图形标志示例及设置规范

序号	名称	图形标志示例	设置范围和地点
1	变压器（电抗器）标志牌	1号主变压器 1号主变压器 A相	（1）安装固定于变压器（电抗器）器身中部，面向主巡视检查路线，并标明名称、编号； （2）单相变压器每相均应安装标志牌，并标明名称、编号及相别； （3）线路电抗器每相应安装标志牌，并标明线路电压等级、名称及相别

序号	名称	图形标志示例	设置范围和地点
2	主变压器（线路）穿墙套管标志牌	1号主变压器 110kV 穿墙套管 A B C 1号主变压器 110kV 穿墙套管 B	（1）安装于主变压器（线路）穿墙套管内、外墙处； （2）标明主变压器（线路）编号、电压等级、名称。分相布置的还应标明相别
3	滤波器组、电容器组标志牌	3601ACF 交流滤波器	（1）在滤波器组（包括交、直流滤期，PLC 噪声滤波器、RI 噪声滤波器）、电容器组的围栏门上分别装设，安装于离地面 1.5m 处，面向主巡视检查路线； （2）标明设备名称、编号
4	断路器标志牌	500kV ××线 5031 断路器 500kV ××线 5031 断路器 A相	（1）安装固定于断路器操作机构箱上方醒目处； （2）分相布置的断路器标志牌安装在每相操作机构箱上方醒目处，并标明相别； （3）标明设备电压等级、名称、编号
5	隔离开关标志牌	500kV ××线 50314 隔离开关 500kV × × 线 50314	（1）手动操作型隔离开关安装于隔离开关操作机构上方 100mm 处； （2）电动操作型隔离开关安装于操作机构门上醒目处； （3）标志牌应面向操作人员； （4）标明设备电压等级、名称、编号
6	电流互感器、电压互感器、避雷器、耦合电容器等标志牌	500kV ××线 电流互感器 A相 220kV Ⅱ段母线 1号避雷器 A相	（1）安装在单支架上的设备，标志牌还应标明相别，安装于离地面 1.5m 处，面向主巡视检查路线； （2）三相共支架设备，安装于支架横梁醒目处，面向主巡视检查路线； （3）落地安装加独立遮栏的设备（如避雷器、电抗器、电容器、所用变压器、专用变压器等），标志牌安装在设备围栏中部，面向主巡视检查路线； （4）标明设备电压等级、名称、编号及相别

续表

序号	名称	图形标志示例	设置范围和地点
7	控制箱、端子箱标志牌	500kV ××线 5031 断路器端子箱	（1）安装在设备本体上醒目处，面向主巡视检查线路； （2）标明设备名称、编号
8	接地刀闸标志牌	500kV ××线 503147 接地开关 A相 500kV × × 线 503147	（1）安装于接地刀闸操作机构上方100mm处； （2）标志牌应面向操作人员； （3）标明设备电压等级、名称、编号、相别
9	控制、保护、直流、通信等盘柜标志牌	220kV ××线光纤纵差保护屏	（1）安装于盘柜前后顶部门楣处； （2）标明设备电压等级、名称、编号
10	熔断器、交（直）流开关标志牌	回路名称： 型　号： 熔断电流：	（1）悬挂在二次屏中的熔断器、交（直）流开关处； （2）标明回路名称、型号、额定电流
11	避雷针标志牌	1号避雷针	（1）安装于避雷针距地面1.5m处； （2）标明设备名称、编号
12	明敷接地体	100～150mm	全部设备的接地装置（外露部分）应涂宽度相等的黄绿相间条纹。间距以100～150mm为宜
13	地线接地端（临时接地线）	接地端	固定于设备压接型地线的接地端
14	低压电源箱标志牌	220kV 设备区电源箱	（1）安装于各类低压电源箱上的醒目位置； （2）标明设备名称及用途

第三节 安全警示线和安全防护设施

一、安全警示线

一般规定：

（1）安全警示线用于界定和分割危险区域，向人们传递某种注意或警告的信息，以避免人身伤害。安全警示线包括禁止阻塞线、减速提示线、安全警戒线、防止踏空线、防止碰头线、防止绊跤线和生产通道边缘警戒线等。

（2）安全警示线一般采用黄色或与对比色（黑色）同时使用。

安全警示线、图形标志示例及设置规范见表 5-8。

表 5-8　　　　　　　　　安全警示线、图形标志示例及设置规范

序号	名称	图形标志示例	设置范围和地点
1	禁止阻塞线		（1）标注在地下设施入口盖板上； （2）标注在主控制室、继电器室门内外；消防器材存放处；防火重点部位进出通道； （3）标注在通道旁边的配电柜前（800mm）； （4）标注在其他禁止阻塞的物体前
2	减速提示线		标注在变电站站内道路的弯道、交叉路口和变电站进站入口等限速区域的入口处
3	安全警戒线		（1）设置在控制屏（台）、保护屏、配电屏和高压开关柜等设备周围； （2）安全警戒线至屏面的距离宜为300～800mm，可根据实际情况进行调整
4	防止碰头线		标注在人行通道高度小于 1.8m 的障碍物上

序号	名称	图形标志示例	设置范围和地点
5	防止绊跤线		（1）标注在人行横道地面上高差 300mm 以上的管线或其他障碍物上； （2）采用 45°间隔斜线（黄/黑）排列进行标注
6	防止踏空线		（1）标注在上下楼梯第一级台阶上； （2）标注在人行通道高差 300mm 以上的边缘处
7	生产通道边缘警戒线		（1）标注在生产通道两侧； （2）为保证夜间可见性，宜采用道路反光漆或强力荧光油漆进行涂刷
8	设备区巡视路线		标注在变电站室内外设备区道路或电缆沟盖板上

二、安全防护设施

安全防护设施是指防止外因引发的人身伤害、设备损坏而配置的防护装置和用具。

一般规定：

（1）安全防护设施用于防止外因引发的人身伤害，包括安全帽、安全工器具柜、安全工器具试验合格证标志牌、固定防护遮栏、区域隔离遮栏、临时遮栏（围栏）、红布幔、孔洞盖板、爬梯遮栏门、防小动物挡板、防误闭锁解锁钥匙箱等设施和用具。

（2）工作人员进入生产现场，应根据作业环境中所存在的危险因素，穿戴或使用必要的防护用品。

安全防护设施、图形标志示例及配置规范见表5-9。

表 5-9　　　　　　　　　　安全防护设施、图形标志示例及配置规范

序号	名称	图形标志示例	设置范围和地点
1	安全帽	**安全帽背面**	（1）安全帽用于作业人员头部防护。任何人进入生产现场（办公室、主控制室、值班室和检修班组室除外），应正确佩戴安全帽； （2）安全帽应符合 GB 2811—2007《安全帽》的规定； （3）安全帽前面有国家电网公司标志，后面为单位名称及编号，并按编号定置存放； （4）安全帽实行分色管理。红色安全帽为管理人员使用，黄色安全帽为运维人员使用，蓝色安全帽为检修（施工、试验等）人员使用，白色安全帽为外来参观人员使用
2	安全工器具柜（室）		（1）变电站应配备足量的专用安全工器具柜； （2）安全工器具柜应满足国家、行业标准及产品说明书关于保管和存放的要求； （3）安全工器具室（柜）宜具有温度、湿度监控功能，满足温度为−15～35℃、相对湿度为 80%以下，保持干燥通风的基本要求
3	安全工器具试验合格证标志牌	**安全工器具试验合格证** 名称_____编号 试验日期_____年___月___日 下次试验日期_____年___月___日	（1）安全工器具试验合格证标志牌贴在经试验合格的安全工器具醒目处； （2）安全工器具试验合格证标志牌可采用粘贴力强的不干胶制作，规格为 60mm×40mm

序号	名称	图形标志示例	设置范围和地点
4	接地线标志牌及接地线存放地点标志牌		（1）接地线标志牌固定在接地线接地端线夹上； （2）接地线标志牌应采用不锈钢板或其他金属材料制成，厚度 1.0mm； （3）接地线标志牌尺寸为 $D=30\sim50mm$，$D_1=2.0\sim3.0mm$； （4）接地线存放地点标志牌应固定在接地线存放醒目位置
5	固定防护遮栏		（1）固定防护遮栏适用于落地安装的高压设备周围及生产现场平台、人行通道、升降口、大小坑洞、楼梯等有坠落危险的场所； （2）用于设备周围的遮栏高度不低于 1700mm，设置供工作人员出入的门并上锁；防坠落遮栏高度不低于 1050mm，并装设不低于 100mm 的护板； （3）固定遮栏上应悬挂安全标志，位置根据实际情况而定； （4）固定遮栏及防护栏杆、斜梯应符合规定，其强度和间隙满足防护要求； （5）检修期间需将栏杆拆除时，应装设临时遮栏，并在检修工作结束后将栏杆立即恢复
6	区域隔离遮栏		（1）区域隔离遮栏适用于设备区与生活区的隔离、设备区间的隔离、改（扩）建施工现场与运行区域的隔离，也可装设在人员活动密集场所周围； （2）区域隔离遮栏应采用不锈钢或塑钢等材料制作，高度不低于 1050mm，其强度和间隙满足防护要求

序号	名称	图形标志示例	设置范围和地点
7	临时遮栏（围栏）		（1）临时遮栏（围栏）适用于下列场所： 1）有可能高处落物的场所； 2）检修、试验工作现场与运行设备的隔离； 3）检修、试验工作现场规范工作人员活动范围； 4）检修现场安全通道； 5）检修现场临时起吊场地； 6）防止其他人员靠近的高压试验场所； 7）安全通道或沿平台等边缘部位，因检修拆除常设栏杆的场所； 8）事故现场保护； 9）需临时打开的平台、地沟、孔洞盖板周围等。 （2）临时遮栏（围栏）应采用满足安全、防护要求的材料制作。有绝缘要求的临时遮栏采用干燥木材、橡胶或其他坚韧绝缘材料制成； （3）临时遮栏（围栏）高度为1050～1200mm，防坠落遮栏应在下部装设不低于180mm高的挡脚板； （4）临时遮栏（围栏）强度和间隙应满足防护要求，装设应牢固可靠； （5）临时遮栏（围栏）应悬挂安全标志，位置根据实际情况而定
8	红布幔		（1）红布幔适用于变电站二次系统上进行工作时，将检修设备与运行设备前后以明显的标志隔开； （2）红布幔尺寸一般为2400mm×800mm、1200mm×800mm、650mm×120mm，也可根据现场实际情况制作； （3）红布幔上印有运行设备字样，白色黑体字，布幔上下或左右两端设有绝缘隔离的磁铁或挂钩

序号	名称	图形标志示例	设置范围和地点
9	孔洞盖板	覆盖式 镶嵌式	（1）适用于生产现场需打开的孔洞； （2）孔洞盖板均应为防滑板，且应覆以与地面齐平的坚固的有限位的盖板。盖板边缘应大于孔洞边缘100mm，限位块与孔洞边缘距离不得大于 25mm～30mm，网络板孔眼不应大于 50mm×50mm； （3）在检修工作中如需将盖板取下，应设临时围栏。临时打开的孔洞，施工结束后应立即恢复原状；夜间不能恢复的，应加装警示红灯； （4）孔洞盖板可制成与现场孔洞互相配合的矩形、正方形、圆形等形状，选用镶嵌式、覆盖式，并在其表面涂刷45°黄黑相间的等宽条纹，宽度宜为 50mm～100mm； （5）盖板拉手可做成活动式，便于钩起
10	爬梯遮栏门	编号	（1）应在禁止攀登的设备、构架爬梯上安装爬梯遮栏门，并予编号； （2）爬梯遮栏门为整体不锈钢或铝合金板门。其高度应大于工作人员的跨步长度，宜设置为800mm 左右，宽度应与爬梯保持一致； （3）在爬梯遮栏门正门应装设"禁止攀登高压危险"的标志牌
11	防小动物挡板		（1）在各配电装置室、电缆室、通信室、蓄电池室、主控制室和继电器室等出入口处，应装设防小动物挡板，以防止小动物短路故障引发的电气事故； （2）防小动物挡板宜采用不锈钢、铝合金等不易生锈、变形的材料制作，高度应不低于 400mm，其上部应设有 45°黑黄相间色斜条防止绊跤线标志，标志线宽宜为 50mm～100mm

序号	名称	图形标志示例	设置范围和地点
12	防误闭锁解锁钥匙箱		（1）防误闭锁解锁钥匙箱是将解锁钥匙存放其中并加封，根据规定执行手续后使用； （2）防误闭锁解锁钥匙箱为木质或其他材料制作，前面部为玻璃面，在紧急情况下可将玻璃破碎，取出解锁钥匙使用； （3）防误闭锁解锁钥匙箱存放在变电站主控制室
13	防毒面具和正压式消防空气呼吸器	 **过滤式防毒面具** **正压式消防空气呼吸器**	（1）变电站应按规定配备防毒面具和正压式消防空气呼吸器； （2）过滤式防毒面具是在有氧环境中使用的呼吸器； （3）过滤式防毒面具应符合 GB 2890—2009《呼吸防护 自吸过滤式防毒面具》的规定。使用时，空气中氧气浓度不低于 18%，温度为-30～45℃，且不能用于槽、罐等密闭容器环境； （4）过滤式防毒面具的过滤剂有一定的使用时间，一般为 30～100min。过滤剂失去过滤作用（面具内有特殊气味）时，应及时更换； （5）过滤式防毒面具应存放在干燥、通风，无酸、碱、溶剂等物质的库房内，严禁重压。防毒面具的滤毒罐（盒）的储存期为 5 年（3 年），过期产品应经检验合格后方可使用； （6）正压式消防空气呼吸器是用于无氧环境中的呼吸器； （7）正压式消防空气呼吸器应符合 GA124—2013《正压式消防空气呼吸器》的规定； （8）正压式消防空气呼吸器在储存时应放入包装箱内，避免长时间暴晒，不能与油、酸、碱或其他有害物质共同储存，严禁重压

第六章 典型违章举例与事故案例分析

第一节 典型违章举例

一、管理性违章

（1）安全第一责任人不按规定主管安全监督机构。

（2）安全第一责任人不按规定主持召开安全分析会。

（3）未明确和落实各级人员安全生产岗位职责。

（4）未按规定设置安全监督机构和配置安全员。

（5）未按规定落实安全生产措施、计划、资金。

（6）未按规定配置现场安全防护装置、安全工器具和个人防护用品。

（7）设备变更后相应的规程、制度、资料未及时更新。

（8）现场规程没有每年进行一次复查、修订，并书面通知有关人员。

（9）新入厂的生产人员，未组织三级安全教育或员工未按规定组织《安规》考试，现场招用的临时民工未实施"零星外来人员安全教育"。

（10）没有每年公布工作票签发人、工作负责人、工作许可人、有权单独巡视高压设备人员名单。

（11）对排查出的事故隐患未制定整改计划或未落实整改治理措施。

（12）设计、采购、施工、验收未执行有关规定，造成设备装置性缺陷。

（13）按规定应进行现场勘察而未经现场勘察进行工作。

（14）不落实电网运行方式安排和调度计划。

（15）客户受电工程接电条件审核完成前安排接电。

（16）大型施工或危险性较大作业期间管理人员未到岗到位。

（17）临时劳务协作工无资质从事有危险性的高处作业。

（18）指派未具备岗位资质的人员担任工作票中的签发人、工作负责人和许可人。

（19）未按规定严格审核现场运行主接线图，不与现场设备一次接线认真核实。

（20）特种作业人员上岗前未经过规定的专业培训，无证人员从事特殊工种作业，无证驾驶机动车辆。

（21）对违章不制止、不考核。

（22）违章指挥或干预值班调控、运维人员操作。

（23）本单位原因造成设备经评价应检修而未按期检修、缺陷消除超过规定时限、工器具试验超周期。

（24）设备缺陷管理流程未闭环。

（25）对事故未按照"四不放过"原则进行调查处理。

（26）安排或默许无票作业、无票操作。

（27）对承包方未进行资质审查或违规进行工程发包。

（28）承发包工程未依法签订安全协议，未明确双方应承担的安全责任。

二、行为性违章

1. 通用部分

（1）用抛掷的方式进行向上或向下传递物件。

（2）工具或材料浮搁在高处。

（3）用湿手接触电源开关。

（4）工作结束或中断，未切断电源。

（5）地线及零线保护采用简单缠绕或钩挂方式。

（6）不按规定使用电动工具。

（7）在低压带电作业中使用锉刀、金属尺和带有金属物的毛刷。

（8）带电作业中用酒精、汽油等易燃品擦拭带电体及绝缘部分。

（9）漏挂（拆）、错挂（拆）警告标示牌。

（10）作业结束未做到工完料尽场地清以及作业结束未及时封堵孔洞、盖好沟道盖板。

（11）装设接地线的导电部分或接地部分未清除油漆。

（12）人体碰触接地线（包括已与地断开的接地引线）或未接地的导线。

（13）用缠绕的方法装设接地线或用不合规定的导线进行接地短路。

（14）接地线与检修部分之间连有保险器或未做好防止分闸安全措施的断

路器。

（15）需断开引线的工作，仅在断引线一侧接地。

（16）将电缆管和电缆外皮作为焊接地线。

（17）未通知现场高处作业人员，擅自操作分合声很大的断路器（一般指空气开关）或进行声响很大的爆破压接作业。

（18）工作班成员擅离工作现场。

（19）酒后开车、酒后从事电气检修施工作业或其他特种作业。

（20）高压试验未按规定流程操作。

（21）发生违章被指出后仍不改正。

（22）在不验电情况下装设接地线。

（23）在无安全技术措施，或未进行安全技术交底情况下，进行下列工作的：

1）难度较大的或首次进行的带电作业；

2）线路工作中的铁塔倒装组立、起重机组塔、高度超过 15m 的越线架搭设、紧线、临近高压电力线作业。

（24）违章构成责任性二类障碍的；违章构成责任性一类障碍的。

2. 工作票执行

（1）工作票（包括变电、线路、配电、动火工作票，施工作业票）未带到工作现场。

（2）工作票所填安全措施不全、不准确，与现场实际不符，或与现场勘察记录不符。

（3）工作延期未办理工作票（施工作业票）延期手续或工作结束未及时办理工作票终结手续。

（4）在未办理工作票终结手续前或在不交回工作票的工作间断期间，工作负责人收执另一份工作票工作。

（5）作业时未按工作票执行流程执行。

（6）工作前未进行"三交三查"（即：交代工作任务、作业风险和安全措施，检查个人工器具、个人劳动防护用品和人员精神状况）。

（7）第一种工作票无对应的批准停役申请单或工作票计划工作时间与所批准的时间不符。

（8）该使用第二种工作票而采用口头命令的方式工作。

（9）该使用第一种工作票而采用第二种工作票或采用口头命令的方式工作。

（10）变电工作许可人未到现场许可工作（本单位另有规定除外）。

（11）工作票上工作班成员或人数与实际不符。

（12）应设专责监护（看护）的作业或地点未设的，专责监护（看护）不到位。

（13）已工作终结或已拆除现场接地线后，又进入该施工（检修）区域或再攀登杆塔。

（14）停电作业（包括对邻近或交跨线路和设备的停送电工作）中，约时停送电。

（15）还未许可工作，即擅自进入检修设备区或攀登线路杆塔。

（16）工作负责人擅离工作现场且未指定其他监护人。

（17）既无工作票又无口头或电话命令，擅自在电气设备（含高压线路）上工作。

（18）未经许可将实际工作内容超出工作票所填项目。

（19）未按工作票的要求实施安全措施或擅自变更工作票（施工作业票）上要求的安全措施。

（20）未得到许可即开始工作。

3. 营销作业

（1）在同一电气连接部分，高压试验的工作票发出后，再发出或未收回已许可的有关该系统的所有工作票。

（2）在带电的电压互感器二次回路上工作时，将二次回路短路或接地。

（3）在带电的电流互感器二次回路上工作时，违章现象：

1）二次回路开路；

2）采用导线缠绕的方法短路二次绕组；

3）在电流互感器与短路端子之间的回路和导线上进行工作。

（4）在运行的变电站及屋内高压配电室竖着搬动梯子、线材等长物。

（5）无工作需要进出高压配电室或进出高压配电室未随手关门。

（6）未断开试验电源，盲目变更或拆除高压试验结线。

（7）二次回路上作业不带图纸。

（8）单人留在高压室或室外高压设备区作业。

（9）在配电柜（屏）上作业未采取以下安全措施：

1）运行设备与检修设备无明显标志隔开；

2）在保护盘上或附近进行振动较大的工作时，未采取防掉闸的安全措施；

3）在配电屏间通道上进行搬运等工作，未采取与设备保持一定距离的措施。

4. 其他

（1）电线直接钩挂在刀闸或直接插入插座内使用。

（2）两相三孔插座代替三相插座。

（3）开关箱负荷侧的首端未安装漏电保护装置。

（4）在脚手架上使用临时物体（如箱子、桶、板等）作为补充台架。

（5）乱拉乱接低压作业电源。

（6）在可能产生感应电压的停电检修设备、线路或绝缘架空地线上工作，未加挂接地线。

（7）对邻近或交叉的另一回线路须采取停电安全措施的，却未装设接地线。

（8）用整体推倒越线架的方法拆除越线架。

（9）装拆接地线顺序颠倒。

（10）在停电的设备线路上工作，还未装设接地线即进行工作。

5. 消防及动火作业

（1）放置氧气瓶或乙炔瓶周围 10m 内有明火或易燃易爆物品。

（2）对未经处理的易燃物容器进行焊接切割。

（3）在以下生产区域，未悬挂明显的"严禁烟火"警告牌或出现吸烟及其他火种的：

1）蓄电池室；

2）氧气瓶、乙炔气瓶存放处；

3）木工、油漆场所；

4）所有汽油库、汽车库。

（4）易燃、易爆物品、化学危险品存放、保管不符合规定。

（5）在下列生产场所未悬挂"严禁烟火"标志牌，或出现游烟（即不是固定在一处吸烟，并有烟灰缸随时熄灭烟蒂的）及其他火种的：

1）控制室、调度室、继保室、计算机室、通信室；

2）油务分析、处理室；

3）易燃易爆物品存放场所；

4）车辆修理场所。

（6）在禁火区域擅自进行动火作业。

6. 劳动防护用品及安全工器具

（1）作业中使用不合格的工器具、使用不合格的梯子。

（2）施工、检修作业现场不戴安全帽或不系帽带。

（3）施工、检修工作中，穿背心、短裤，女同志穿高跟鞋、裙子、长发未盘起。

（4）未使用合格的、电压等级相符的验电器进行验电操作，包括未在有电设备上验证验电器完好。

（5）不按规定佩戴防尘、防毒用具。

（6）变电站高压验电或线路验电未戴绝缘手套。

三、装置性违章

（1）使用的安全防护用品、用具无生产厂家、许可证编号、生产日期及国家鉴定合格证书。

（2）安全帽帽壳破损、缺少帽衬（帽箍、顶衬、后箍），缺少下颚带等。

（3）脚扣表面有裂纹、防滑衬层破裂，脚套带不完整或有伤痕等。

（4）电缆孔、洞、电缆入口处未用防火堵料封堵或工作班工作结束后未恢复原状。

（5）高低压线路对地、对建筑物等安全距离不够。

（6）电力设备拆除后，仍留有带电部分未处理。

（7）易燃易爆区、重点防火区内的防火设施不全或不符合规定要求。

（8）电气设备无安全警示标志或未根据有关规程设置固定遮（围）栏。

（9）机械设备转动部分无防护罩。

（10）电气设备外壳无接地。

（11）临时电源无漏电保护器。

（12）安全带（绳）断股、霉变、损伤或铁环有裂纹、挂钩变形、缝线脱开等。

（13）高压配电装置带电部分对地距离不能满足规程规定且未采取措施。

（14）防误闭锁装置不全或不具备"五防"功能。

第二节 事故案例分析

【案例一】计量前期勘察人身死亡事故

1. 事故经过

8月16日9时左右，某项目部（客户在建工程未供电）工作人员刘×到××供电公司计量中心联系当事人张××，前去进行计量前期勘察工作。因当日

××供电公司生产工作计划上安排计量中心张××与马×去城市综合改造工作协调领导小组办公室新装供电客户处工作，张××与刘×初步约定视当天工作完成情况再行联系。14 时 30 分左右，刘×再次来到计量中心找到张××，15 时左右，张、刘 2 人乘项目部车辆前往工地现场。在前往项目部工地现场途中，15 时 12 分，张××在车上电话告知班长贾×前去项目部工地。15 时 40 分勘察完现场场后，张××要求项目部刘×开车送其到城镇建设开发公司××新城工地。该用户工程属基建增容用电工程，原装容量为 800kVA，此次申请容量 1000kVA，总容量增至 1800kVA。到达现场后，××新城工地电工阎××带领张××来到新增容的 1000kVA 高压计量柜前，由阎××打开高压计量柜门，张××站在柜前俯身察看柜内设备过程中，发生高压计量柜最外侧 A 相母线对其头部放电，致其死亡，时间为 15 时 57 分。

经事故调查，××区城镇建设开发公司××新城客户设备制造厂家为××电器设备有限公司，产品通过国家 3C 强制性产品认证。高压计量柜型号为 HXGN-12，电压等级为 10kV。柜内设备的布置由上到下依次为：10kV 母线、10kV 电流互感器、隔离开关、熔断器、10kV 电压互感器。10kV 电气设备相序由外到内依次为 A、B、C。10kV 母线最低对地距离为 1.6m，隔离开关静触头对地距离为 0.65m。

2. 违章分析

（1）工作人员张××在客户电工未交代电气设备接线情况且未采取任何安全技术措施、履行许可手续的情况下到客户处工作。未主动了解客户现场设备带电情况，未采取必要的安全防护措施，未能与带电设备保证足够的安全距离，是造成此次事故的直接原因。

（2）××区城镇建设开发公司××新城用户在××分局工程验收后，私自将进线电缆连接至线路开关（为原 800kVA 箱式变供电），导致进线电缆及 1000kVA 箱式变环网柜母线在新安装设备未完成计量验收前已带电，是本次事故发生的重要原因。

（3）生产计划执行不严格，计量中心班组临时动议安排现场作业。在当事人电话临时申请去××工地工作时，班长未按照规定擅自口头同意，班长在安排现场工作时也未落实保证现场安全的组织措施要求，班长严重失职失察，导致单人作业，是本次事故发生的又一重要原因。

（4）营销业扩报装工程管理缺位，工程现场管理不严，对客户用电检查不到位，未能及时发现客户设备施工过程中擅自变更接线方式，致使新增设备在未经验收情况下出现部分设备带电,是本次事故发生的另一原因。

3. 防止对策

(1)事故发生后,全局开展全员安全学习教育活动,全面梳理排查管理中存在的薄弱环节,切实从领导层、管理层、执行层认真查找管理漏洞,从主观上和管理上查找问题,深刻反思安全管理工作中的薄弱环节,及时采取防范措施,严防同类事故再次发生。

(2)认真学习国家电网公司营销、业扩报装的制度规定,学习安全工作规程,组织营销系统全员安全规程考试,不合格者不能上岗。全面排查营销管理和业扩报装过程中在管理制度、生产计划执行、现场安全措施设置、人员不规范行为、试验设备和工具以及防止"人身触电、高处坠落、机械伤害、交通意外"等危险点预控方面存在的安全漏洞和隐患,明晰业扩报装职责分工、工作界面和工作流程,全面整顿营销安全工作秩序,健全营销安全管理制度体系,夯实营销工作安全基础,杜绝营销安全生产事故。

(3)严格生产计划的刚性执行,变更工作计划或安排临时工作必须履行严格的审批程序,批准领导在批准工作的同时必须明确到位干部,落实好现场安全措施。严禁无计划安排生产工作,严禁专业室、班组临时动议安排生产现场作业。坚持生产现场领导干部和管理人员到岗到位,切实做到人员到位、思想到位、责任到位、措施到位,重点抓好人身伤害安全风险管控,严反各类违章、违纪行为。严格执行《安规》和人身安全劳动保护措施,严格生产现场"三交三查"和现场监护,扎实推行标准化作业,确保作业人员任务清楚、危险点清楚、作业程序方法清楚、安全保障措施清楚,确保职工人身安全。

(4)坚持以"三铁"反"三违"(以铁的制度、铁的面孔、铁的处理,反违章指挥、违章作业、违反劳动纪律)、"严抓严管、重奖重罚"的反违章工作标准,明确各级管理人员现场到位主要职责就是查处违章,营造全员反违章工作氛围。同时充分调动和发挥监督作用,强化现场工作票签发人、工作负责人、专责监护人、工作许可人和工作班成员履责监督,督察现场保证人身安全的劳动保护措施和安全措施的执行情况,及时纠正违章行为和不安全现象,最大限度扼制生产现场各类违章行为,严防生产现场人身伤亡事故。同时要加强员工劳动纪律,严格执行请销假制度,严禁擅自离岗、脱岗,严禁私自外出工作。

(5)继续深化标准化作业。认真总结分析各单位主要专业实施标准化作业的成效和问题,在所有涉及现场作业的专业全面推行标准化作业,特别是一些"冷门"专业,如:用电检查、计量、后勤物业等,制定标准化作业卡,将标准化作业向工作的前期准备和工作结束延伸，把作业过程中的各个关键环节与危险点分析等结合起来，实现现场作业全过程的安全控制和质量控制，确保工作计划受控、工作准备受控、作业过程受控、工作结束过程受控，达到现场作业安全管理精细化。

（6）深化安全事故隐患排查治理，落实《安全生产事故隐患排查治理实施细则》要求，在继续做好主设备安全隐患排查治理的同时，组织开展各项生产业务管理隐患排查治理，重点检查安全生产管理制度是否符合规程规范、是否符合现场实际、是否具有操作性，检查业务流程是否得到严格执行、是否存在管理空档、是否与其他业务存在冲突和矛盾等，逐步建立生产业务管理安全隐患定期排查治理机制，促进各项业务管理规范化、标准化和保证作业安全的目的。

【案例二】业扩报装验收人身死亡事故

1. 事故经过

9月26日8时30分，应业扩报装客户××建材有限公司要求，××供电公司客服中心安排客户专责吕××组织对新安装的800kVA箱式变压器（××电器开关有限公司生产）进行验收。10时55分，吕××带领验收人员××供电公司计量中心吴×、李×、运检部熊××和施工单位李×等4人前往现场。到达现场后，吕××在电话联系客户负责人，到现场协助验收事宜。稍后，现场人员听见"哎呀"一声，便看到计量中心李×跪倒在箱式变压器高压计量柜前的地上，身上着火。经现场施救后送往镇人民医院，11时20分确诊死亡。

经事故调查：9月17日施工人员施工完毕并试验合格，因客户要求送电，施工人员请示××送变电工程分公司经理薛××同意后，对箱式变压器进行搭火，仅向用户电工进行了告知，未经项目管理部门许可。9月26日，计量中心李×（男，27岁，大专学历，2006年参加工作）独自一人到箱式变压器高压计量柜处（工作地点），没有查验箱式变压器是否带电，强行打开具有带电闭锁功能的高压计量柜门(电磁锁为××电器有限公司生产)，进行高压计量装置检查，触击计量装置（10kV）C相桩头。

2. 违章分析

（1）××供电公司计量中心李×（死者）对客户设备运行状况不清楚，在未经许可且未认真检查设备是否带电（有带电显示装置）的情况下，强行打开高压计量柜门，造成人身触电，是事故的直接原因。

（2）设备未经验收和管理部门批准，施工单位在用户要求下擅自将箱式变压器高压电缆搭火，造成设备在验收前即已带电，且未告知项目管理部门，是事故的主要原因之一。

（3）××供电公司客户服务中心验收组织不力，临时动议安排验收工作，现场未认真交代验收有关注意事项，对验收人员疏于管理，是事故的主要原因之一。

（4）生产厂家装配的电磁锁产品质量较差，锁具强度不够，不能在设备带电时有效闭锁，是事故的次要原因。

3. 防止对策

（1）认真梳理农电业扩报装项目管理流程，分析、查找存在的问题并提出针对性的解决措施，确保管理部门、施工单位、用户各方责任落实到位。

（2）严格执行电气工程（设备）竣工验收投运管理相关规定。在业扩报装工程中，严格执行电气工程（设备）竣工验收投运管理相关流程与规定，严把设备、验收人员安全关

（3）强化作业现场安全管控。进一步加大作业现场稽查力度，重点针对班前班后会召开情况、"两票"制度执行、危险点分析、现场安全措施落实情况，从严从重查处罚违章行为。

（4）严格执行设备验收管理制度。严格履行设备到货交接手续，做到到货设备与设计要求相符、档案资料齐全、记录完整。

（5）加强安全教育培训，组织全员安规考试，不合格者集中培训补考。组织开展班组长及工作负责人安全能力评估工作，对评估不合格的有关人员离岗培训，经考试考核合格后方可重新上岗。

【案例三】业扩报装验收人身事故

1. 事故经过

3月7日上午9时55分，根据用户××机电设备有限公司（以下简称机电公司）3月1日验收申请，××供电公司营销部业扩项目经理陈××持派工单，组织计量班黄××、用电检查班钱××、采集运维班朱××共4人，到机电公司自建的10kV业扩工程现场进行验收，在没有采取安全组织和技术措施的情况下开展验收工作。朱××（男，1977年出生）在进线开关柜柜后检查过程中，用相机拍摄进线柜线路TV铭牌时发生触电，抢救无效后死亡。

该业扩工程于8月6日机电公司向××供电公司申请中间检查，8月9日，××供电公司营销部组织检查后提出整改要求；8月20日，××电业局营销部组织对该业扩工程（未通过验收）进行了接火。

2. 违章分析

这是一起典型的业扩工程验收人员违章责任事故。

（1）事故单位把安全规章制度束之高阁，业扩工程验收管理粗放，对没有通过验收的设备进行接火，对已接火的设备没有视为"运行中设备"。

（2）参与人员安全意识淡薄，不勘查现场、不执行工作票制度、不进行安全交底、不落实"停电、验电、挂接地线"等基本安全技术措施，《安规》形同虚设，随意组织开展现场工作。

3. 防止对策

（1）进一步梳理营销业扩工程全过程管理流程，细化落实验收、接火、送电等关键环节安全管控措施。工程接电后，所有电气设备应视为"运行中设备"，严格执行"两票三制"工作规定，严格落实"停电、验电、装设接地线、悬挂标识牌和安装遮栏等"安全技术措施。

（2）加强分散、小型作业现场安全组织管理，严格履行现场勘察制度，组织开好班前会、班后会，做好安全交底和技术交底，确保每一位作业人员任务清楚、危险点清楚、作业程序清楚、安全措施清楚，管理人员不到位不得开工。

（3）结合安全培训工作，组织营销人员宣贯《安规》和《营销业扩报装工作全过程防人身事故十二条措施（试行）》《营销业扩报装工作全过程安全风险点辨识与预控手册（试行）》，并严格开展以《安规》为主要内容的安全考试。

【案例四】××县供电公司"4·8"人身伤亡事

1. 事故经过

4月8日9时25分，××县供电公司所属集体企业阳光工程公司员工刘××（男，1974年生，中专学历，农电工）在进行10kV酒厂06线××分支线39号杆花园2号台区低电压改造工作，装设接地线的过程中触电，抢救无效死亡。

根据施工计划安排，8日9时左右，工作负责人刘××（死者）和工作班成员王×在××分支线41号杆装设高压接地线两组（其中一组装在同杆架设的废弃线路上，事后核实该废弃线路实际带电，系酒厂分支线）。因两人均误认为该线路废弃多年不带电，当王×在杆上装设好××分支线的接地线后，未验电就直接装设第二组接地线。接地线上升拖动过程中接地端并接桩头不牢固而脱落，地面监护人刘××未告知杆上人员即上前恢复脱落的接地桩头，此时王×正在杆上悬挂接地线，由于该线路实际带有10kV电压，王×感觉手部发麻，随即扔掉接地棒，刘××因垂下的接地线此时并未接地且靠近自己背部，同时手部又接触了打入大地的接地极，随即触电倒地。王×立即下杆召集相邻杆的

117

地面工作人员姜××、张××对伤者刘××进行心肺复苏急救，并拨打120急救电话，约20分钟后（9时45分左右）医务人员赶到现场将伤者送往医院抢救，11时左右抢救无效死亡。

2. 违章分析

（1）本次事故暴露出设备管理工作存在严重漏洞，线路图纸与实际不符，设备标识不完善，对历史遗留的有关客户线路与公司线路同杆架设问题不清楚，属严重管理违章。

（2）工作票签发人、许可人在不掌握现场相邻设备带电的情况下，错误签发、许可工作内容和安全措施，现场作业人员未验电就装设接地线，属严重作业违章。

3. 防止对策

（1）深刻吸取事故教训，全面排查管理违章和作业违章，采取切实有效的整改措施，杜绝各类违章行为。

（2）加强设备管理，做到图纸与现场相符；作业前认真勘查现场，正确签发、许可工作票，确保安全措施与实际相符，作业中正确执行各项安全技术措施，做到不漏项、不错项。

（3）深入开展反违章，严格执行《安规》，针对性地开展隐患排查，切实保障安全生产。

第七章　安全技术劳动保护措施和反事故措施

● 第一节　安全技术劳动保护措施

安全技术劳动保护措施是指以改善劳动条件、防止发生员工伤亡事故、预防职业病为主要内容的安全技术措施和职业健康措施。

编制和实施安全技术劳动保护措施目的是改善生产现场作业环境、劳动条件，防止职业病，消除生产过程中存在的各种不安全因素，保证员工安全和健康，实现安全生产的目标。

安全技术劳动保护措施计划应根据国家、行业、公司颁发的标准，从改善作业环境和劳动条件、防止伤亡事故、预防职业病、加强安全监督管理等方面进行编制。

一、防止人身伤害事故

1. 防止人身触电事故

（1）变电站电气设备进行部分停电检修或新设备安装时，工作许可人应根据工作票的要求在工作地点或带电设备四周设置遮栏（围栏），将停电设备与带电设备隔开。围栏上每侧应至少悬挂一个面向工作人员的"止步，高压危险！"等标示牌。防止检修、试验、施工人员走错工作地点，误入带电间隔，误登带电设备，发生人身触电。

（2）无论高压设备是否带电，工作人员不得单独移开或越过遮栏（围栏）进行工作；若有必要移开遮栏（围栏）时，应有监护人在场，并满足设备不停电时的安全距离。

（3）运行中的高压设备其中性点接地系统的中性点应视作带电体，不得触摸。雷雨天气，需要室外高压工作时，应穿绝缘靴，并不得靠近避雷器和避雷针。

（4）营销作业需高压验电时，应戴绝缘手套。验电器的伸缩式绝缘棒长度应拉足，验电时手应握在手柄处不得超过护环，人体应与验电设备保持安全距离。雨雪天气不得进行室外直接验电。

（5）在室内高压设备上工作，应在工作地点两旁和对面运行设备间隔的遮栏（围栏）上和禁止通行的过道遮栏（围栏）上悬挂"止步，高压危险！"的标示牌。

（6）高压开关柜内手车开关拉出后，隔离带电部位的挡板必须可靠封住，禁止开启，并设置"止步，高压危险！"的标示牌。

（7）在办理工作许可手续之前，任何车辆及工作班成员都不得进入遮栏内或触及设备。

（8）办理工作票许可手续后，工作负责人（监护人）宜在设备区外向工作班成员宣讲工作票内容，使每个工作班成员都知道工作任务、工作地点、工作时间、停电范围、邻近带电部位、现场安全措施等注意事项（必要时可以绘图讲解），并进行危险点告知，履行确认手续后方可开始工作。

迟到人员开始工作前，工作负责人应向其详细交代以上各项内容。

（9）工作中，工作负责人必须始终在现场认真履行监护职责。当工作地点分散或工作环境比较危险时，工作负责人应增设专责监护人和确定被监护人员，及时制止违章作业行为。

（10）在电气设备上进行停电工作，工作班成员在攀登设备构架前，首先应认真核对设备名称、编号、位置，检查现场安全措施无误后方可开始。因故离开工作现场返回工作地点时，必须重新核对设备名称、编号、位置，确认无误后方准继续工作，防止误入带电间隔。

（11）当工作现场布置的安全措施妨碍检修（试验）工作时，工作班成员必须向工作负责人说明情况，由工作负责人征得工作许可人同意后，方可变动安全设施，变动情况应及时记录在值班日志内。

（12）工作班成员在完成工作票所列的工作任务撤离工作现场后，如又发现问题需要处理时，必须向工作负责人汇报，禁止擅自处理。若尚未办理工作终结手续，则由工作负责人向工作许可人说明情况后，在工作负责人带领下进行处理。如已办理工作终结手续，则必须重新办理工作许可手续后方可进行。

（13）因平行或邻近带电设备导致检修设备可能产生感应电压时，应加装接地线或工作人员使用个人保安接地线。

（14）装、拆接地线顺序要正确，并均应使用绝缘棒。人体不得碰触接地线或未接地的导线，以防止感应电触电。检修人员带地线拆设备接头时，必须采取防止地线脱落的可靠措施，防止地线脱落感应电伤人。

（15）在变、配电站（开关站）的带电区域内或临近带电线路处，禁止使用金属梯子。搬动梯子、管子等长物时，应放倒，由两人搬运，并与带电部分保持足够的安全距离。

（16）在电气设备上进行高压试验，应在试验现场装设遮栏，向外悬挂"止步，高压危险！"标示牌，并派人看守。非试验人员不得靠近。加压过程中应集中精力，不得触及试验的高压引线。试验时不得进行其他检修、维护等工作。当被试设备两端不在同一地点时，两端都要派人看守。

试验结束后，要及时断开试验电源、将试验设备及被试设备正确放电。

（17）由于高压试验而拆开的一次设备引线，必须用结实的绳子绑牢，防止引线摇晃触及邻近带电设备或被试设备而造成触电。

（18）试验人员在变电站（开关站）放、收试验线（电源线）时，应特别小心，防止试验线弹到或接近带电设备，发生人身触电。

（19）室内母线分段部分、母线交叉部分及部分停电检修易误碰有电设备的，应设有明显标志的永久性隔离挡板（护网）。

（20）在带电设备附近测量绝缘电阻时，测量人员和摇表安放位置，应选择适当，保持安全距离，以免摇表引线或引线支持物触碰带电部分。移动引线时，应注意监护。

（21）严禁在带电设备周围使用钢卷尺、皮卷尺和线尺（夹有金属丝者）进行测量工作，防止工作人员触电。

（22）单人操作时不得进行登高或登杆操作。

（23）使用绝缘绳索传递大件金属物品（包括工具、材料等）时，杆塔或地面上作业人员应将金属物品接地后再接触，以防电击。

（24）带电作业断、接引线时严禁同时接触未接通的或已断开的导线两个断头，以防人体串入电路。

（25）在处理多条同路敷设的电缆故障时，在锯电缆以前，应与电缆走向图图纸核对相符，并使用专用仪器（如感应法）确切证实电缆无电后，用接地的带绝缘柄的铁钎钉入电缆芯后，方可工作。扶绝缘柄的人应戴绝缘手套并站在绝缘垫上，并采取防灼伤措施。

（26）配电设备接地电阻不合格时，应戴绝缘手套方可接触箱体。

（27）在配电变压器台架上进行检修工作，必须先拉开低压侧刀闸，后拉开高压侧隔离开关或跌落式熔断器，然后在停电的高压引线、低压引线上验电、接地。操作跌落式熔断器及刀闸时，必须使用经试验合格的绝缘杆并戴绝缘手套，严禁用手直接摘、挂跌落式熔断器的熔管。

（28）具有双电源的用户必须装设双投开关、双投刀闸或采用可靠的技术手段，落实防止双电源用户反送电的措施。防止用户乱接线或使用没有双投刀闸闭锁上网的小型自备发电机从低压侧反送电，所有低压用户均应视为可能反送电的电源。

（29）防止低压触电，要求电气设备进行安全接地；在容易触电的场合使用安全电压；必须使用低压剩余电流动作保护装置。

（30）现场使用的电源线应按规定规范连接，绝缘导线不能破损，电源刀闸盖要齐全。检修（试验）电源板应安装漏电保安器，并按要求定期检查试验，确认保护动作正确。

（31）严禁用导线直接插入插座取得电源，插座与插头应配套、完好无损。

（32）生产现场各种用电设备和电动工具、机械，特别是检修现场临时使用的砂轮机、电钻、电风扇等，其电机或金属外壳、金属底座必须可靠接地或接零。

（33）在金属容器内进行焊接工作时，使用的行灯电压不准超过 12V。行灯变压器的外壳应可靠接地，不准使用自耦变压器。

（34）在高压线附近进行勘测、施工作业时，使用的测量、钻探和施工工具、设备应与高压线保持足够的安全距离。在高压线下测量时，不应使用金属标尺。必须做好监护，防止测量、钻探工具与高压线安全距离不足，发生电击伤人事故。

（35）油漆工、土建工等非电气人员或外单位人员进入生产现场必须经过安全教育培训和安全技术交底，并按规定办理进站施工手续和工作票。工作前，工作负责人应向工作班全体人员清楚交代现场安全措施、带电部位和其他安全注意事项。

工作中，设备管理部门应指派专人进行监护。专责监护人因故暂时离开作业现场时，应通知工作负责人暂停工作，工作人员必须撤离现场，不能以赶进度为理由擅自继续工作。

2. 防止高处坠落事故

（1）经医生诊断，患有高血压、心脏病、贫血病、癫痫病、糖尿病以及患有其他不宜从事高处作业和登高架设作业病症的人员，不允许参加高处作业。

（2）发现现场工作人员有饮酒、精神不振、精力不集中等症状时，禁止登高作业。

（3）高处作业应使用安全带（绳），安全带（绳）使用前应进行检查，并定期进行试验。高处作业人员应衣着灵便，宜穿软底鞋。

（4）能在地面进行的工作，不在高处作业；高处作业能在地面上预先做好的工作，必须在地面上进行，尽量减少高处作业和缩短高处作业时间。

（5）安全带（绳）应挂在牢固的构件上或专为挂安全带用的钢丝绳上，安全带不得低挂高用，禁止系挂在移动或不牢固的物件上。

（6）凡坠落高度在 2.0m 以上的工作平台、人行通道（部位），在坠落面侧应设置固定式防护栏杆。

（7）在没有脚手架或者在没有栏杆的脚手架上工作，或坠落相对高度超过1.5m 时，必须使用安全带，或采取其他可靠的安全防护措施。

（8）在未做好安全措施的情况下，不准登在不坚固的结构上（如彩钢板屋顶）进行工作。

（9）楼梯、钢梯、平台均应采取防滑措施。直钢梯高度超 3m 时，应装设护笼，以防上、下梯子时坠落。

3. 防止机械伤害事故

（1）机械设备安全防护距离，防护罩，防护屏和设备本体安全对人身安全极其重要，应符合 GB 5083－1999《生产设备安全卫生设计总则》有关标准的规定。

（2）转动机械和传动装置的外露部分应装设可靠的防护罩、盖或栏杆方可使用。严禁戴手套或手上缠抹布，在裸露的球轮、齿轮、链条、钢绳、皮带、轴头等转动部分进行清扫或其他的工作。工作人员应特别小心，不使衣服及擦拭材料被机器挂住，扣紧袖口，发辫应放在帽内。

（3）在操作转动机械设备时，严禁用手扶持加工件或戴手套操作。

（4）机械设备工作时，禁止进行润滑、清洁（清扫）、拆卸、修理等工作。转动和传动机械等设备检修时必须切断电源，并采取防止转动、移动的可靠措施。检修后进行开停试运行前，应将防护设施装设好，方可进行试运行。

（5）搬拆大型机具时要拆开搬运。装车、卸车及转移时，不准人货混装。

（6）机械上的各种安全防护装置及监测、指示、报警、保险、信号装置应完好齐全，有缺损时应及时修复。安全防护装置不完整或已失效的机械不得使用。

（7）敷设电缆时，应有专人统一指挥，电缆移动时，严禁用手搬动滑轮，以防压伤。

（8）严禁随意跨越输煤机、卷扬机等设备的钢绳、皮带或在皮带上站立。

（9）严禁在运行中将转动的设备防护罩或遮栏打开，或将手伸进遮栏内。电动机的引出线和电缆头以及外露的转动部分均应装设牢固的遮栏或护罩。

（10）严格执行设备运行规程，防止机械设备超载运行发生事故伤人。

4. 防止物体打击事故

（1）任何人进入生产现场（办公室、控制室、值班室和检修班组室除外），应戴合格的安全帽，并要扎紧系好下颚带。企业应制定职工安全帽佩戴场所的具体要求和管理规定。

（2）在高处作业现场，工作人员不得站在作业处的垂直下方，高处落物区不得有无关人员通行或逗留。在行人道口或人口密集区从事高处作业，工作点下方应设围栏或其他保护措施。

（3）在起吊、牵引过程中，受力钢丝绳的周围、上下方、内角侧和起吊物的下面，严禁有人逗留和通过。吊运重物不得从人头顶通过，吊臂下严禁站人。不准用手拉或跨越钢丝绳。

（4）在高处上下层同时作业时，中间应搭设严密牢固的防护隔离设施，以防落物伤人。工作人员必须戴安全帽。

5. 防止噪声、中毒事故

（1）噪声污染会对人身造成伤害，按照工业卫生的要求，生产场所噪声水平必须符合 GB 12348《工业企业厂界噪声排放标准》以及 GB/T 50087《工业企业噪声控制设计规范》的规定。

（2）工作场所的噪声测量应符合 GBJ 122《工业企业噪声测量规范》的有关规定；设备本身的噪声测量应符合相应设备有关标准的规定。

（3）采取个人防护措施，包括在耳道塞防声棉、防声耳塞或佩戴耳罩，头盔等防声工具。

（4）进入 SF_6 配电装置低位区或电缆沟进行工作应先检测含氧量（不低于18%）和 SF_6 气体含量是否合格。

（5）在 SF_6 配电装置室低位区应安装能报警的氧量仪和 SF_6 气体泄漏报警仪，在工作人员入口处也要装设显示器。这些仪器应定期试验，保证完好。

（6）工作人员进入 SF_6 配电装置室，入口处若无 SF_6 气体含量显示器，应先通风 15min，并用检测仪测量 SF_6 气体含量合格。尽量避免一人进入 SF_6 配电装置室进行巡视，不准一人进入从事检修工作。

（7）SF_6 配电装置发生大量泄漏等紧急事故时，人员应迅速撤出现场，开启所有排风机进行排风。未配戴隔离式防毒面具人员禁止入内。只有经过充分的自然排风或恢复排风后，人员才准进入。发生设备防爆膜破裂事故时，应停电处理，并用汽油或丙酮擦拭干净。

（8）工作结束后，工作人员应洗澡，把用过的工器具、防护用具清洗干净。

（9）对在工作中接触有毒、有害、危险物品或从事危险性作业的工作人员，其人身安全专用防护用品，要根据实际情况及时配备。

二、防止电气误操作事故

1. 加强防误操作管理

（1）切实落实防误操作工作责任制。

（2）加强运行、检修人员的专业培训，严格执行操作票、工作票制度，并使两票制度标准化，管理规范化。

1）严格按照操作指令填写操作票，严禁无票操作。

2）特别重要和复杂的倒闸操作，由熟练的运行人员操作，运行值班负责人监护。应杜绝当值所有操作均由一人开票的情况。

3）装设工作票中所需接地线（接地刀闸）时，应严格执行验电接地的技术措施。

（3）倒闸操作时，不允许改变操作顺序，当操作发生疑问时，应立即停止操作，并向发令人报告，不允许随意修改操作票。

（4）防误闭锁装置不得随意退出运行，同时要制定并落实相应的防误措施；短时间退出防误闭锁装置时，应经变电站负责人或发电厂当班值长批准，并应按程序尽快投入。

2. 完善防误操作技术措施

（1）新、扩建变电工程及主设备经技术改造后，防误闭锁装置应与主设备同时投运。

（2）采用计算机监控系统时，远方、就地操作均应具备防止误操作闭锁功能。

（3）成套高压开关柜五防功能应齐全、性能良好。开关柜出线侧宜装设带电显示装置，带电显示装置应具有自检功能，并与线路侧接地刀闸实行联锁；配电装置有倒送电源时，间隔网门应装有带电显示装置的强制闭锁。

（4）加强对用电检查人员防误操作培训，使其掌握防误闭锁装置的原理、性能、结构和操作程序，能熟练操作和维护。

三、防止火灾事故

（1）为了防止重大火灾事故的发生，应逐项落实《电力设备典型消防规程》

等有关规定。

（2）企业应建立防止火灾事故组织机构，必须配备消防专责人员并建立有效的消防组织网络，企业行政正职为消防工作第一责任人。健全消防工作制度，定期对消防工作进行检查。应确保各单位、各车间、各班组、各作业人员了解各自管辖范围内的重点防火要求和灭火方案。

（3）生产现场必须具有完善的消防设施，企业应建立训练有素的群众性消防队伍，力求在起火初期及时发现、及时扑灭，并使当地消防部门了解掌握电业部门火灾事故的特点，以便及时扑救。

（4）企业在有关场所应配备正压式空气呼吸器，并进行使用培训，以防止救护人员在灭火时中毒或窒息。

（5）在新、扩建工程设计中，消防水系统应同生活水、工业水系统分离，以确保消防水量、水压不受其他系统影响，消防泵的备用电源应由保安电源供给。消防水系统应定期检查、维护。

（6）带电作业的等电位作业人员在作业中严禁用酒精、汽油等易燃品擦拭带电体及绝缘部分，防止起火。

四、防止交通事故

1. 防止车辆行驶事故

（1）驾驶员应严格执行国家《道路交通安全法》及国家电网公司有关规定，每天出车前、后应对车辆进行安全性能方面的全面检查，并作详细记录，杜绝病车上路。不得驾驶安全设施不全或者有安全隐患的机动车，确保行车安全。

严禁酒后驾车、私自驾车、无证驾车、疲劳驾驶、超速行驶、超载行驶。严禁领导干部迫使驾驶员违章驾车。

（2）驾驶员长途驾驶时间达 3h，必须休息一次，每次休息时间不应少于20min。

（3）机动车在道路上发生故障，需要停车排除故障时，驾驶人应当立即开启危险报警闪光灯，将机动车移至不妨碍交通的地方停放；难以移动的，应当持续开启危险报警闪光灯，警告标志应当设置在故障车来车方向 150m 以外，车上人员应当迅速转移到右侧路肩上或者应急车道内，并且迅速报警。

（4）严禁驾驶员边开车边打手机或查看短信息。

（5）机动车载人不得超过核定的人数，客运机动车不得违反规定载货。乘车人的头、手不得伸出车厢挡板；车厢挡板上严禁坐人。

（6）驾驶员和乘坐人员在车辆行驶途中应按规定使用安全带。

（7）乘车人员严禁在车上玩耍、吵闹或与司机闲聊，影响司机驾驶，严禁向车外扔杂物。

2. 防止车辆在场区作业事故

（1）机动车在保证安全的情况下，在没有限速标志的厂站内行驶时，车速不得超过 15km/h。

（2）变电站进行新、扩建施工时，应对运输道路进行硬化处理。车辆进入基建施工现场时，应将时速限制在 15km/h 以内。机动车在进出厂房、仓库大门、停车场、加油站、危险地段、生产现场、倒车时，时速不得超过 15km/h。

（3）任何车辆进入高压设备场地内，包括检修车、工程车、大小货车、电试车、起重车以及外来车辆等，均应征得站长、值班长许可，并做好相应安全措施。防止安全距离不够，带电设备对车辆放电。

（4）生产现场内部使用的特殊车辆，如微型工具车、机械运输车、吊车、电瓶车、翻斗车、铲车等机械车辆，应按国家规定进行年检，由国家有关部门核发机动车辆牌照。

（5）厂区内机动车辆驾驶人员属特种作业人员，必须持证上岗。

（6）翻斗车、铲车、自卸车、吊重汽车等除驾驶室外，一律不准载人（包括操作室）。

（7）生产现场使用的铲车、翻斗车、电瓶车等，因工作需要装运重量轻而体积大的特殊物件遮挡驾驶员正常视线时，应预先制订保证安全的特殊运输方案和措施，设专人指挥，采用慢速倒车行驶等方式。

（8）施工作业需占用机动车道时，必须在来车方向前 50m 的机动车道上设置交通警示牌（若施工作业需占用高速公路车道时，必须在来车方向前 150m 的车道上设置交通警示牌），并将工作现场围蔽。夜间不能恢复道路原来状态时，应在警示牌上方悬挂红色警示灯。

（9）在公路或公路旁进行施工作业的工作人员，必须穿反光衣。路面应设置警示标志，机动车周围设围栏。

第二节　反事故措施

反事故措施是在事故调查分析、设备评估、技术监督、安全性评价以及电网稳定分析等工作的基础上，针对电网生产中存在的安全隐患和问题，以预防人身、电网和设备事故为目的，研究制定的事故防范措施。

编制和实施反事故措施目的是规范和促进国家电网公司反事故施的制定、实施工作，实现全方位、全过程、动态化的事故预防与控制，确保人身、电网和设备安全。

反事故措施计划根据上级颁发的反事故技术措施、需要治理的事故隐患、需要消除的重大缺陷、提高设备可靠性的技术改进措施以及本企业事故防范对策进行编制。

一、电力营销责任事故因素

电力营销工作中存在的问题，大致归纳电力营销责任事故的因素主要有：

（1）有些地方营销基础工作还比较薄弱，规章制度形同虚设。

（2）有些员工安全意识淡薄，放松安全标准要求。

（3）电力营销操作系统流程形式化，造成作业质量和安全追踪失败。

（4）安全管理不规范，安全监督缺位，生产计划无刚性执行，擅自临时变更工作计划。

（5）工作安排不当，违章作业，违章指挥，违章施工现象仍旧存在。

（6）工作班成员对各项作业的危险点认识不足，预控措施不完善，没有严格执行人身安全劳动保护措施。

（7）电力营销作业现场安全技术交底、安全措施和安全工器具使用不规范，不到位，流于形式。

（8）对各项电力营销标准化作业要求和管理工作没有执行到位。

二、营销业扩报装工作全过程防止人身事故措施

（1）严格落实安全责任。按照"谁主管、谁负责"、"谁组织、谁负责"、"谁实施、谁负责"的原则，切实加强营销安全的组织与领导，全面落实以各级营销主管领导为营销安全第一责任人的各级安全责任制。按照人员、时间、力量"三个百分之百"的要求，抓基础、抓基层、抓基本功，严肃安全纪律，强化安全责任制落实。

（2）严格业扩报装组织管理。客户服务中心应加强业扩报装统筹协调，负责统一组织相关部门到客户现场开展方案勘查、受电工程中间检查、受电工程竣工检验、装表、接电等工作。要加强作业计划编制和刚性执行，减少和避免重复、临时工作。要严格执行公司统一的业扩报装流程，确保施工、验收、接电环节有序衔接，严禁不按规定程序私自接电。要建立客户停送电联系制度，严格执行现场送电程序，对高压供电客户侧第一断开点设备进行操作（工作），必须经调度或运行维护单位许可。

（3）严格执行工作票（单）制度。在高压供电客户的电气设备上作业必需填用工作票，在低压供电客户的电气设备上作业必须使用工作票或安全检查卡，并明确供电方现场工作负责人和应采取的安全措施，严禁无票（单）作业。客户电气工作票实行由供电方签发人和客户方签发人共同签发的"双签发"管理。供电方工作票签发人对工作的必要性和安全性、工作票上安全措施的正确性、所安排工作负责人和工作人员是否合适等内容负责。客户方工作票签发人对工作的必要性和安全性、工作票上安全措施的正确性等内容审核确认。

（4）严格执行工作许可制度。在高压供电客户的主要受电设施上从事相关工作，实行供电方、客户方"双许可"制度，其中，客户方许可人由具备资质的电气工作人员许可，并对工作票中所列安全措施的正确性、完备性，现场安全措施的完善性以及现场停电设备有无突然来电的危险等内容负责。双方签字确认后方可开始工作。

（5）严格执行工作监护制度。在客户电气设备上从事相关工作，现场工作负责人或专责监护人在作业前必须向全体作业人员统一进行现场安全交底，使所有作业人员做到"四清楚"（即：作业任务清楚，现场危险点清楚、现场的作业程序清楚、应采取的安全措施清楚），并签字确认。在作业过程中必须认真履行监护职责，及时纠正不安全行为。

（6）严格落实安全技术措施。在客户电气设备上从事相关工作，必须落实保证现场作业安全的技术措施（停电、验电、装设接地线、悬挂标识牌和安装遮栏等）。由客户方按工作票内容实施现场安全技术措施后，现场工作负责人与客户许可人共同检查并签字确认。现场作业班组要根据工作内容配备齐全验电器（笔）、接地线（短路线）等安全工器具并确保正确使用。

（7）严格落实现场风险预控措施。根据工作内容和现场实际，认真做好现场风险点辨识与预控，重点防止走错间隔、误碰带电设备、高处坠落、电流互感器二次回路开路、电压互感器二次短路等，坚决杜绝不验电、不采取安全措施以及强制解锁、擅自操作客户设备等违章行为。要定期分析安全危险点并完善预控措施，确保其针对性和有效性。

（8）严格执行个人安全防护措施。进入客户受电设施作业现场，所有人员必须正确佩戴安全帽、穿棉制工作服，正确使用合格的安全工器具和安全防护用品。

（9）严格查处违章行为。建立健全营销反违章工作机制，以《安全生产典型违章 100 条》、《营销业扩报装工作全过程安全危险点辨识与预控手册（试行）》为重点，系统分析和查找营销每项工作、每个岗位、每个环节的管理违章、行为违章、装置违章现象，坚持以"三铁"（铁的制度、铁的面孔、铁的处理）反"三违"（违章指挥、违章作业、违反劳动纪律），从严处罚，常抓不懈。

（10）严格执行业扩报装标准规程。严格受电工程设计、施工、试验单位资质审查，遵循公司统一的技术导则及标准开展供电方案编制、受电工程设计审核及竣工检验等工作，防止客户受电设施带安全隐患接入电网。

（11）加强业扩现场标准化作业管理。在勘查、受电工程中间检查及竣工检验、装表、接电等环节推行标准化作业，完善现场标准化作业流程，应用标准化作业卡并将危险点预控措施固化在作业卡中，实现业扩现场作业全过程的安全控制和质量控制，避免人的不安全行为、物的不安全状态、环境的不安全因素出现和失控。

（12）加强安全学习培训。将提升业扩从业人员安全素质建设作为长期性、基础性工作，紧密结合业扩报装特点和营销员工在应用安全知识方面的薄弱点，采取合理有效的培训和考核方式，以学习《电力安全工作规程》等安全规章制度为重点，结合专业实际开展案例教育、岗位培训，进一步提高营销人员安全意识、安全风险辨识能力和现场操作技能。

同时认真开展现场作业标准化，加强现场标准化作业管理。在业扩报装、电能计量工作等环节推行标准化作业，完善现场标准化作业流程，应用标准化作业卡并将危险点预控措施固化在作业卡中，实现业扩现场作业全过程的安全控制和质量控制，避免人的不安全行为、物的不安全状态、环境的不安全因素出现和失控。树立违反省公司级单位现场作业安全要点就是违章的思想观念，严格执行公司现场作业规范。

加强供用电安全管理，依法签订供用电合同和并网调度协议，履行限电序位表审批程序，严格执行停送电联系制度。依靠政府支持，强化用电安全检查，督促和引导高危企业、重要用户完善备用保安电源。

建立重要客户安全隐患排查治理长效工作机制。按照国家的要求，督促完善高危客户供电设施和自备应急电源系统，对达不到要求的，采取有效措施，规避供电企业安全风险。

加强客户设备管理，建立重要客户特别是高危客户供用电安全隐患排查长效机制，按照国家的要求，督促完善高危客户供电设施和自备应急电源系统，对达不到要求的，采取有效措施，规避供电企业安全风险。

深化客户用电服务。加强用电检查工作，主动为客户提供安全业务指导和技术服务。全面实施重要电力用户安全风险防范与评估工作，制订重要用户客户现场检查工作流程，细化安全隐患的整理、汇总、告知、抄送和备案的过程管理。

完善应急预案演练。要求各供电单位必须开展应急预案的演练，建立一套信息畅通、指挥得力、处置有效的应急体系。

超前做好风险防范。全面引入安全风险管理的理念，规避可能预见的风险。根据营销工作的特点，高度重视防范供用电安全风险、电费安全风险、现场作业安全风险和供电服务安全风险。

三、防止人身伤亡事故

1. 加强作业现场危险点分析和做好各项安全措施

（1）工作或作业现场的各项安全措施必须符合《安规》和《电力建设安全工作规程》的有关要求。

（2）根据工作内容认真做好作业现场危险点分析，并据此做好各项安全措施。要定期检查危险点分析工作，确保其针对性和有效性。

（3）在作业现场内可能发生人身伤害事故的地点，设立安全警示牌，并采取可靠的防护措施。对交叉作业现场应制订完备的交叉作业安全防护措施。

2. 加强作业人员培训

（1）定期对有关作业人员进行安全规程、制度、技术等培训，使其熟练掌握有关安全措施和要求，明确各自安全职责，提高安全防护的能力和水平。对于临时和新参加工作人员，必须强化安全技术培训，必须在证明其具备必要的安全技能、并在有工作经验的人员带领下方可作业。禁止在没有监护的情况下指派临时或新参加工作人员单独从事危险性工作。

（2）应结合生产实际，经常性开展多种形式的安全思想教育，提高员工安全防护意识，掌握安全防护知识和伤害事故发生时的自救、互救方法。

3. 加强对外包工程人员管理

（1）加强对各项承包工程的安全管理，明确业主、监理、承包商的安全责任，并根据有关规定严格考核，做到管理严格，安全措施完善。

（2）在有危险性的电力生产区域（如有可能引发火灾、爆炸、触电、高处坠落、中毒、窒息、机械伤害、烧烫伤等人员、电网、设备事故的场所）作业，发包方应事先进行安全技术交底，要求承包方制定安全措施，并配合做好相关安全措施。

4. 加强安全工器具管理

认真落实安全生产各项组织措施和技术措施，配备充足的、经国家或省、部级质检机构检测合格的安全工器具和防护用品，并按照有关标准、规程要求定期检验，坚决淘汰不合格的工器具和防护用品，提高作业安全保障水平。

四、防止电气误操作事故

为防止电气误操作事故，应全面落实《安规》、《防止电气误操作装置管理规定》及其他有关规定，并提出如下要求：

1. 加强防误操作管理

（1）切实落实防误操作工作责任制，各单位应设专人负责防误装置的运行、检修、维护、管理工作。防误装置的检修、维护管理应纳入运行、检修规程范畴，与相应主设备统一管理。

（2）加强运行、检修人员的专业培训，严格执行操作票、工作票制度，并使两票制度标准化，管理规范化。

（3）严格执行调度命令。倒闸操作时，不允许改变操作顺序，当操作发生疑问时，应立即停止操作，并报告调度部门，不允许随意修改操作票。

（4）应制订和完善防误装置的运行规程及检修规程，加强防误闭锁装置的运行、维护管理，确保防误闭锁装置正常运行。

（5）建立完善的万能钥匙使用和保管制度。防误闭锁装置不能随意退出运行，停用防误闭锁装置时，必须履行批准手续；短时间退出防误闭锁装置时，应经值长或变电站站长批准，并按要求尽快投入运行。

2. 完善防误操作技术措施

（1）新、扩建变电工程及主设备经技术改造后，防误闭锁装置应与主设备同时投运。

（2）断路器或隔离开关闭锁回路不能用重动继电器，应直接用断路器或隔离开关的辅助触点；操作断路器或隔离开关时，应以现场状态为准。

（3）防误装置电源应与继电保护及控制回路电源独立。

（4）采用计算机监控系统时，远方、就地操作均应具备防止误操作闭锁功能。利用计算机实现防误闭锁功能时，其防误操作规则必须经本单位电气运行、安监、运检部门共同审核，经主管领导批准并备案后方可投入运行。

（5）成套高压开关柜五防功能应齐全、性能良好。开关柜出线侧宜装设带电显示装置，带电显示装置应具有自检功能，并与线路侧接地刀闸实行联锁；配电装置有倒送电源时，间隔网门应装有带电显示装置的强制闭锁。

3. 加强对运维、检修人员防误操作培训

每年应定期对运维、检修人员进行培训工作，使其熟练掌握防误装置，做到"四懂三会"（懂防误装置的原理、性能、结构和操作程序，会操作、消缺和维护）。

五、防止交通事故

1. 建立健全交通安全管理机构

（1）建立健全交通安全管理机构（如交通安全委员会），按照"谁主管、谁负责"的原则，对本单位所有车辆驾驶人员进行安全管理和安全教育。交通安全应与安全生产同布置、同考核、同奖惩。

（2）建立健全交通安全监督、考核、保障制约机制，严格落实责任制。必须实行"准驾证"制度，无本企业准驾证人员，严禁驾驶本企业车辆。

（3）各级行政领导，必须经常督促检查所属车辆交通安全情况，把车辆交通安全作为重要工作纳入议事日程，并及时总结，解决存在的问题，严肃查处事故责任者。

（4）必须认真执行国家交通法规和本企业有关车辆交通管理规章制度，逐渐完善车辆交通安全管理制度，完善安全管理措施（含场内车辆和驾驶员），做到不失控、不漏管、不留死角，监督、检查、考核到位，保障车辆运输安全。

2. 加强对各种车辆维修管理

各种车辆的技术状况必须符合国家规定，安全装置完善可靠。对车辆必须定期进行检修维护，在行驶前、行驶中、行驶后对安全装置进行检查，发现危及交通安全问题，必须及时处理，严禁带病行驶。

3. 加强对驾驶员的管理和教育

（1）加强对驾驶员的管理，提高驾驶员队伍素质。定期组织驾驶员进行安全技术培训，提高驾驶员的安全行车意识和驾驶技术水平。对考试、考核不合格或经常违章肇事的应不准从事驾驶员工作。

（2）严禁酒后驾车，私自驾车，无证驾车，疲劳驾驶，超速行驶，超载行驶。严禁领导干部迫使驾驶员违章驾车。

4. 加强对多种经营企业和外包工程的车辆交通安全管理

多种经营企业和外地施工企业行政正职是本单位车辆交通安全的第一责任者，对主管单位行政正职负责。多种经营企业和外地施工企业的车辆交通安全管理应当纳入主管单位车辆交通安全管理的范畴，接受主管单位车辆交通安全管理部门的监督、指导和考核，对发生负同等及以上责重、特大车辆交通人身死亡事故的多种经营企业和外地施工企业，对其主管单位实行一票否决。

第八章 班组管理和作业安全监督

第一节 班组管理安全监督

营业班组的安全职责：

（1）贯彻落实"安全第一、预防为主、综合治理"的方针，按照"三级控制"制定本班组年度安全生产目标及保证措施，布置落实安全生产工作，并予以贯彻实施。

（2）做好班组管理，做到工作有标准，岗位责任制完善并落实，设备台账齐全，记录完整。制订本班组年度安全培训计划，做好新入职人员、变换岗位人员的安全教育培训和考试。

（3）开展作业现场危险点预控工作，执行安全工作规程、"二票三制"以及各种规章制度，保证运行质量、检修质量，在生产实际工作中真正做到"四不伤害"。

（4）召开班前会、班后会，做好出工前"三交三查"工作，及时主动汇报安全生产情况。

（5）开展定期安全检查、隐患排查、安全生产月和专项安全检查等活动。积极参加上级各类安全分析会议、安全大检查活动。

（6）组织开展安全事故警示教育活动，开展每周一次的班组安全日活动，做好安全活动记录。做好本单位的"两措"计划学习、贯彻、落实。

（7）正确使用和管理好安全工器具、电气工器具、起重工器具，做好本岗位管辖设备的安全运行、检修工作。

（8）加强电能计量装置和用电信息采集等设备的装拆、周期轮换、故障处理、设备现场检验等工作安全组织措施和技术措施管理，防止因客户或微电网反送电影响工作安全。严格执行业务委托有关规定，做好安全管理工作。

（9）收集用户有关电气安全，安装规程制度的意见及用户对供电质量的要求和改进意见的信息反馈工作。

（10）做好"抄、核、收"工作，正确使用营销系统，保证系统安全。

（11）执行电力安全事故（事件）报告制度，及时汇报安全事故（事件），保证汇报内容准确、完整，做好事故现场保护，配合开展事故调查工作。

（12）组织开展《电力法》、《电力设施保护条例》、《电力供应与使用条例》等法律、法规的宣贯，依法加强对所辖电力设施的保护，开展辖区安全用电检查和安全用电、依法用电知识的宣传普及工作。

（13）开展技术革新，合理化建议等活动，参加安全劳动竞赛和技术比武，促进安全生产。

第二节　作业安全监督

一、业扩报装安全监督

1. 现场勘察

（1）工作班成员应在客户电气工作人员的带领下进入工作现场，并在规定的工作范围内工作，做到对现场危险点、安全措施等情况清楚了解。

（2）进入带电设备区现场勘察工作至少两人共同进行，实行现场监护。

（3）勘察人员应掌握带电设备的位置，与带电设备保持足够安全距离，注意不要误碰、误动、误登运行设备。

（4）不得替代客户进行现场设备操作。确需操作的，必须由客户专业人员进行。进入带电设备区设专人监护，严格监督带电设备与周围设备及工作人员的安全距离是否足够，不得操作客户设备。对客户设备状态不明时，均视为运行设备。

2. 中间检查

（1）中间检查工作至少两人共同进行。要求客户方或施工方进行现场安全交底。客户方（或客户方业扩工程施工单位）应在危险区域按规定设置警示围栏，做好相关安全技术措施，确认工作范围内的设备已停电、安全措施符合现场工作需要，明确设备带电与不带电部位、施工电源供电区域。进入现场施专业室域，必须穿工作服、戴安全帽，携带必要照明器材，不得随意触碰、操作现场设备，防止触电伤害。

（2）要求客户方或施工方进行现场安全交底，客户方（或客户方业扩工程施工单位）应在危险区域按规定设置警示围栏，做好相关安全技术措施，确认工作范围内的设备已停电、安全措施符合现场工作需要，明确设备带电与不带电部位、施工电源供电区域。进入设备运行区域，必须穿工作服、戴安全帽，携带必要照明器材，不得随意触碰、操作现场设备，防止触电伤害。

（3）对业扩中间检查发现的问题应逐个登记并分析其严重程度，发现的隐患，及时出具书面整改意见，督导客户落实整改措施。

（4）对影响客户方安全运行的，应通过问题跟踪和检查验证的方式，督促客户整改。明确告知客户，只有中间检查合格后方可进行后续工程施工，形成闭环管理。

3. 竣工检验

（1）竣工检验工作至少两人共同进行。现场负责人对工作现场进行统一安全交底，交代检验范围、带电部位和安全注意事项。

（2）要求客户方或施工方进行现场安全交底，做好相关安全技术措施。确认工作范围内的设备已停电、安全措施符合现场工作需要。

（3）竣工检验人员应注意现场警示标识，掌握带电设备的位置，与带电设备保持足够安全距离，注意不要误碰、误动、误登运行设备。

（4）对发现问题逐个登记，并分析其严重程度。对影响客户安全运行的，应通过问题跟踪和检查验证的方式，督促客户整改。并明确告知客户，只有复验合格后方允许接入电网。

（5）对双（多）电源之间必须正确装设切换装置和可靠的联锁装置。对开关进行试跳、接电时进行核相，确保在任何情况下，均无法向电网倒送电。

4. 接电客户设备投运

（1）35kV 及以上业扩工程，应成立启动委员会，制定启动方案并按规定执行。35kV 以下双电源、配有自备应急电源和客户设备部分运行的项目，应制定切实可行的投运启动方案。所有高压受电工程接电前，必须明确投运现场负责人，由现场负责人（客服中心）组织各相关专业技术人员参加，成立投运工作小组。由现场负责人组织开展安全交底和安全检查，明确职责，各专业分别落实相关安全措施并向负责人确认设备具备投运条件。现场负责人对工作现场进行统一安全交底，明确职责，各专业负责落实相关安全措施和责任。

（2）投运手续不完整的，必须补齐手续，对未经检验或检验不合格已经接电的客户受电工程，必须立即采取停电措施，严肃处理有关责任人和责任单位，按照公司统一的业扩报装程序重新办理业扩报装竣工报验手续。投运前，客户方电气负责人应认真检查设备状况，有无遗漏临时措施，确保现场清理到位，并向现场负责人汇报并签字确认。

（3）投运工作必须有客户方或施工方熟悉环境和电气设备且具备相应资质人员配合进行。投运前，客户方电气负责人应认真检查设备状况，有无遗漏临时措施，确保现场清理到位，并向现场负责人汇报并签字确认。送电前应先对临时电源进行销户并拆除与供电电源点的一次连接线。严格执行投运启动方案，按调度指令逐项执行。

（4）投运手续不完整的，必须补齐手续。未经检验或检验不合格的客户受电工程，严禁接（送）电。

（5）客户自备应急电源与电网电源之间必须正确装设切换装置和可靠的联锁装置，确保在任何情况下，不并网的自备应急电源均无法向电网倒送电。发现未经检验或检验不合但已擅自送电的客户受电工程，必须立即采取停电措施。

（6）客户方电气值班人员应遵守国家标准《电力安全工作规程(电力线路部分)》，严格执行"两票三制"。

二、用电检查安全监督

1. 下厂检查

（1）用电检查人员应持证上岗，下厂检查不得超越其《用电检查证》的等级范围。

（2）下厂检查应保证由二人及以上人员同时进行，遵从客户厂区出入制度管理，不在厂区随意溜达，不进入非用电检查范围的厂区，在检查现场不得代替客户进行电工作业。

（3）对客户受电装置存在的缺陷，说明其危害性和整改要求，以书面形式留下整改意见，并由客户签收。对发现的重大缺陷，由本单位正式发文报告政府相关主管部门。

（4）重点检查客户配置的绝缘工器具、验电笔、接地线等安全工器具及其试验合格标识，发现客户漏配、少配或不合格器具时，应当面告知现场电气人员并向客户正式发送《缺陷通知书》要求其限期整改。

2. 电源管理

（1）根据竣工检验记录和历次用电检查记录，关注客户自备电源改造、新增等活动，发现自备电源位置变化、设备变更等情况时，必须延伸检查其电源接线情况。对电源闭锁装置、自动保护装置动作闭锁功能应定期进行试验，防止发生合环和倒送电。

（2）书面要求重要客户配备自备应急电源，自备应急电源容量≥120%保安负荷。自备电源与电网电源之间必须正确装设切换装置和可靠的联锁装置。对电源闭锁装置、自动保护装置动作闭锁功能应定期进行试验，防止发生合环和倒送电。确保在任何情况下，不并网自备电源均无法向电网倒送电。

3. 受电装置

（1）将"五防"功能作为一项必查内容。当客户对电气设备进行改造时，重点检查"五防"的完备性。掌握"五防"设施的日常管理情况，防止客户退出"五防"。

（2）指导客户检查设备"五防"要求〔防止带负荷拉合隔离开关、防止带接电线（接电刀闸）合闸、防止人员误入带电间隔、防止误分合断路器、防止带电挂接地线（合接地刀闸）〕是否完备。

4. 窃电、违约用电查处

（1）用电检查人员必须具备相应的用电检查资质，并在其规定的相关范围内开展工作。实际现场检查时，用电检查的人数不少于 2 人，随身携带检查证，做好必要的自我防护。必要时联系公安部门配合，实施联合行动。

（2）对高危及重要客户或存在重要负荷的客户实施现场停电时，应在确保重要负荷所对应用电设备已安全停机或已采取安全措施后进行。

5. 欠费停复电

（1）严格履行法定告知义务，履行正常的审批、执行手续。指定专人进行工作监护。

（2）应事先进行现场勘察并落实防触电、防高坠的安全技术措施，指定专人进行工作监护。使用有绝缘柄的工器具和个人防护用具。应先分清相、零线，选好工作位置，断开导线时，应先断开相线，后断开零线，搭接导线时顺序应相反，人体不得同时接触两根线头。

三、检测检验安全监督

1. 作业前

（1）运输车辆中设置专用仪器仪表防震保护箱柜。运输途中严禁叠放检测检验设备。检测检验设备使用专用便携箱，严禁检验设备裸放，防止设备摔坏、互撞。

（2）使用检定合格的检测检验设备，按照规定检定周期对检测检验设备进行量值溯源。定期开展检测检验设备期间核查及比对，对使用频繁的设备应增加期间核查及定期比对次数。

（3）按规定试验周期对安全工器具和安全防护用品进行检查、试验，保证安全工器具和安全防护用品符合安全状态。

（4）绝缘工具使用前应进行外观检查，电压等级与实际是否相符，并保持干燥、洁净。使用作业工具采取绝缘保护符合《安规》要求，工具、材料必须妥善放置并站在绝缘垫上进行工作。

（5）临时电源线应由专用电源接入，加装漏电保护器，绝缘良好，线径和长度符合要求，电源线应可靠固定。

2. 作业中

（1）严格执行工作票制度，并将作业范围、工作内容、现场危险点、安全措施等内容完整填写在工作票中。

（2）现场工作负责人在作业前必须向全体作业人员进行现场安全交底，使所有作业人员做到"四清楚"（作业任务清楚、危险点清、作业程序清楚、安全措施清楚，下同），并签字确认。

（3）工作负责人或专责监护人在工作中应严格履行监护职责，及时纠正不安全行为，合理安排工作进度，严把工作流程及工作质量。

（4）计量现场作业，至少两人同时进行，一人操作，一人监护。遵守计量二次回路操作规范，严禁带电电流互感器二次开路，严禁电压互感器二次短路。

（5）在客户现场工作，必须由客户方或施工方熟悉环境和电气设备的人员配合进行，必要时可寻找熟悉现场环境工作人员带领进入。

3. 作业后

（1）工作中认清设备接线标识，按照规程进行，试验过程应呼唱，设专人监护，工作完毕接电后要进行检查核验，确保接线正确。

（2）电压互感器检验完成后，必须对一次侧进行静电放电操作。在完成对一次侧进行放电时，必须戴绝缘手套和穿绝缘靴，使用放电棒与有效接地端可靠连接，确保试验静电有效释放。放电棒应定期检验，使用时应在检验有效期内。

（3）按照相关管理规定和工作标准，对现场工作做到"三清"（清扫、清点、清查）。

四、表计装拆安全监督

1. 作业前

（1）电能计量装置装拆工作前应仔细核对客户的户号、户名、地址、类型与《电能计量装接单》的数据是否一致。

（2）若存在票面和现场的户号、电能表参数等不相符的，发现表箱漏水、接地线缺失等缺陷，应立即进行登记并暂时中止作业，在缺陷消除之前，不得开展现场作业。发现表箱漏水、接地线缺失等缺陷，应立即进行登记，并及时向相关人员反馈和汇报，设备主人接到信息后，必须第一时间到现场核实，并及时处置。陷消除之前，不得开展现场作业。

2. 作业中

（1）计量现场作业，严格执行工作（作业）票制度，至少两人同时进行，一人操作，一人监护。

（2）工作负责人、专职监护人应始终在现场，对工作班人员的安全认真监护，及时纠正不安全行为。所有工作人员（包括工作负责人）不许单独进入、滞留在高压室、室外高压设备区。

（3）登高 2.0m 以上高处表计装拆作业，应系好安全带，安全带应系在牢固的构件上。

（4）严禁作业人员操作客户设备，属于客户资产的相关设备一律由客户自己操作。

（5）进行带电调换电能表时，应使用绝缘工具并戴手套，站在绝缘垫上工作。

（6）在装有联合接线盒的计量箱（柜）内进行带电调换电能表时，应先在联合接线盒内逐相短接电流回路短接片，再逐相断开电压回路连接片，然后拆开电能表接线调换电能表。恢复接线时顺序相反。

（7）计量二次回路采用标准的联合接线盒，严禁将回路的永久接地点断开。工作用自备发电机只能作为工作照明用，严禁接入其他电气回路。

3. 作业后

（1）相关人员要按照装表接电工作标准的要求，在计量箱（柜）作业完毕后，及时关闭计量箱（柜）门，并当着客户的面对计量箱（柜）加封印。

（2）按照相关管理规定和工作标准，对现场工作做到"三清"。

五、采集终端装拆安全监督

1. 低压采集终端

（1）严禁作业人员操作客户设备，属于客户资产的相关设备一律由客户自己操作。

（2）对于工作中邻近的带电部分，必须采取有效的措施，如装设遮栏、设置标识牌悬挂标示牌和装设遮栏（团栏）等。

（3）按照用电信息采集建设安装作业规范执行，采集器电源必须经熔断器或微型断路器从表箱的进线侧取单相电，不得从电能表进线或出线取电。

（4）按照现场安装作业规范要求，屏蔽层必须单端可靠接地。

2. 专用变压器采集终端、载波集中器

（1）专用变压器采集终端、载波集中器的调换工作至少由二人进行，一人监护（负责人），一人工作，不得单人作业。

（2）进行带电调换时，应使用绝缘工具并戴手套，站在绝缘垫上工作。

（3）开启金属表箱（柜）门前应先用合格的验电笔进行验电，确认金属表箱（柜）有效接地后开始工作。若未接地或接地不良，必须采取临时接地措施。

（4）在装有联合接线盒的计量箱（柜）内进行带电调换终端时，应先在联合接线盒内逐相短接电流回路短接片，再逐相断开电压回路连接片。然后拆开终端接线调换终端。恢复接线时顺序相反。

（5）对作业所涉及断路器的电源和影响工作其他带电设备，必须停电后，方可工作。安装完毕，现场进行跳、合闸试验。

3. 作业后

（1）相关人员要按照装表接电工作标准的要求，在终端安装工作完毕后，及时关闭计量箱（柜）门加封印。

（2）按照相关管理规定和工作标准，对现场工作做到"三清"。

六、现场抄表安全监督

1. 变电站抄表

（1）变电站抄表须由变电运行人员全程陪同，若遇紧急情况，应在变电运行人员指引下安全撤离。

（2）进入变电站前由变电运行人员负责安全交底，告知变电站内抄表的路径和位置，新上岗人员首次进入变电站，还应由原抄表人员陪同，指导新上岗人员熟悉电能计量装置的位置。

（3）抄表人员应按规定的路径、在规定的位置执行抄表作业，不得擅自变更。

（4）抄表时应与带电设备保持足够的安全距离。抄表时不得触碰运行设备开关，不得拨动二次开关、连接片。

2. 客户侧抄表

（1）落实抄表管理制度，严格执行现场抄表周期。

（2）不得替代客户进行电工作业。

（3）登高作业须专人监护，不得攀附周边电气设备抄表，需搭建临时登高台时，应检查台架是否牢固。

（4）观察表（柜）箱与带电部分是否接触，触碰前先进行验电。

3. 抄表途中

（1）做好防范措施，根据实际需要，可配备驱狗器、打狗棒等防止被狗、蛇等动物咬伤的装备。携带必要的救助药品，学会紧急救护法。

（2）密切关注天气预报，合理安排抄表时段，尽可能避开恶劣天气，若遇突发恶劣天气，因地制宜做好个人防避措施，尽可能到最近的房屋进行避险。

附录A　现场标准化作业指导书范例

直接接入式电能计量装置故障处理标准化作业指导书

1　范围

本标准化作业指导书规定了直接接入式电能计量装置故障处理的作业前准备工作、工作流程图、工作程序与作业规范、报告和记录等。

本标准化作业指导书适用于直接接入式电能计量装置故障处理作业。

2　规范性引用文件

下列文件对于本文件的应用是必不可少的。凡是注日期的引用文件，仅所注日期的版本适用于本文件。凡是不注日期的引用文件，其最新版本（包括所有的修改单）适用于本文件。

略。

3　术语和定义

3.1　电能计量装置

电能计量装置包括各种类型电能表、计量用电压、电流互感器及其二次回路、电能计量柜（箱）等。

4　作业前准备

4.1　作业组织及人员要求

4.1.1　作业组织

直接接入式电能计量装置故障处理工作所需人员类别、职责和数量，见表1。

序号	人员类别	职　责	作业人数
1	工作负责人	（1）正确安全地组织工作。 （2）负责检查工作票所列安全措施是否正确完备、是否符合现场实际条件，必要时予以补充。	1人

表1　作　业　组　织

序号	人员类别	职　责	作业人数
1	工作负责人	（3）工作前对工作班成员进行危险点告知，交代安全措施和技术措施，并确认每一个工作班成员都已知晓。 （4）严格执行工作票所列安全措施。 （5）督促、监护工作班成员遵守电力安全工作规程，正确使用劳动防护用品和执行现场安全措施。 （6）工作班成员精神状态是否良好，变动是否合适。 （7）交代作业任务及作业范围，掌控作业进度，完成作业任务。 （8）监督工作过程，保障作业质量	1人
2	专责监护人	（1）明确被监护人员和监护范围。 （2）作业前对被监护人员交代安全措施，告知危险点和安全注意事项。 （3）监督被监护人遵守电力安全工作规程和现场安全措施，及时纠正不安全行为。 （4）负责所监护范围的工作安全	根据作业内容与现场情况确定是否设置
3	工作班成员	（1）熟悉工作内容、作业流程，掌握安全措施，明确工作中的危险点，并履行确认手续。 （2）严格遵守安全规章制度、技术规程和劳动纪律，对自己工作中的行为负责，互相关心工作安全，并监督电力安全工作规程的执行和现场安全措施的实施。 （3）正确使用安全工器具和劳动防护用品。 （4）完成工作负责人安排的作业任务并保障作业质量	根据作业内容与现场情况确定

4.1.2　人员要求

工作人员的身体、精神状态，工作人员的资格包括作业技能、安全资质等要求，具体见表2。

表2　　　　　　　　　　人　员　要　求

序号	内　容	备注
1	经医师鉴定，无妨碍工作的病症（体格检查每两年至少一次）；身体状态、精神状态应良好	
2	具备必要的电气知识和业务技能，且按工作性质，熟悉电力安全工作规程的相关部分，并应经考试合格	
3	具备必要的安全生产知识，学会紧急救护法，特别要学会触电急救	
4	熟悉本作业指导书，并经上岗培训、考试合格	

4.2　准备工作安排

根据工作安排合理开展准备工作，内容见表3。

表3　　　　　　　　　　准　备　工　作　安　排

序号	内　容	标　准	备注
1	接受工作任务	根据工作计划接受工作任务	
2	工作预约	根据工作内容提前和客户进行预约	

序号	内　　容	标　　准	备注
3	打印工作任务单	打印工作任务单，同时核对计量设备技术参数与相关资料	
4	填写并签发工作票	（1）工作票签发人或工作负责人填写工作票，由工作票签发人签发。对客户端工作，在公司签发人签发后还应取得客户签发人签发。 （2）对于基建项目的新装作业，在不具备工作票开具条件的情况下，可填写施工作业任务单等	
5	准备和检查试验设备	根据工作内容准备所需试验设备，检查是否符合实际要求	
6	准备和检查工器具	根据工作内容准备所需工器具，检查是否符合实际要求	

4.3　材料和备品、备件

根据作业项目，确定所需的材料和备品、备件，见表4。

表 4　　　　　　　　　　　　　　材料和备品、备件

序号	名称	型号及规格	单位	数量	备注
1	电能表	根据客户类别配置	只	根据作业需求	
2	封印		颗	根据作业需求	
3	绝缘导线		m	根据作业需求	
4	RS485 通信线		m	根据作业需求	
5	外置开关控制线		m	根据作业需求	
6	绝缘胶带		卷	根据作业需求	
7	接地线		m	根据作业需求	
8	扎带		袋	根据作业需求	
9	接线标识标签		套	根据作业需求	
10	开关		个	根据作业需求	
11	号码管		个	根据作业需求	
12	水晶头		个	根据作业需求	

4.4　工器具和仪器仪表

工器具和仪器仪表主要包括开展故障处理用工器具、标准装置及辅助设备等，见表5。

表 5　　　　　　　　　　　　　工器具和仪器仪表

序号	名称	型号及规格	单位	数量	安全要求
1	螺丝刀组合		套	1	（1）常用工器具金属裸露部分应采取绝缘措施，并经检验合格。螺丝刀除刀口以外的金属裸露部分应用绝缘胶布包裹。 （2）仪器仪表安全工器具应检验合格，并在有效期内。 （3）其他：根据现场需求配置
2	电工刀		把	1	
3	钢丝钳		把	1	
4	斜口钳		把	1	
5	尖嘴钳		把	1	
6	扳手		套	1	

序号	名称	型号及规格	单位	数量	安全要求
7	电钻		把	1	
8	电源盘	有明显断开点，并具有漏电保护功能	只	1	
9	低压验电笔		只	1	
10	高压验电器	根据不同电压等级配置	只	1	
11	钳形万用表		台	1	
12	相序表		台	1	
13	绝缘梯		部	1	
14	护目镜		副	1	
15	登高板		副	1	
16	双控背带式安全带		副	1	（1）常用工器具金属裸露部分应采取绝缘措施，并经检验合格。螺丝刀除刀口以外的金属裸露部分应用绝缘胶布包裹。（2）仪器仪表安全工器具应检验合格，并在有效期内。（3）其他：根据现场需求配置
17	安全帽		顶/人	1	
18	绝缘鞋		双/人	1	
19	绝缘手套		副/人	1	
20	棉纱防护手套		副/人	1	
21	纯棉长袖工作服		套/人	1	
22	绝缘垫		块	按需配置	
23	数码相机		台	按需配置	
24	工具包		个	按需配置	
25	电能表现场校验仪		台	1	
26	抄表器		台	1	
27	网线钳		把	1	
28	号码管打印机		台	1	
29	电能表通信接口测试仪		台	1	
30	手电筒		只	1	

4.5 技术资料

技术资料主要包括运行电能计量装置的相关资料，见表6。

表6　技　术　资　料

序号	名称	备注
1	《直接接入式电能计量装置装、拆作业指导书》	
2	计量柜（箱）安装及使用相关资料	
3	电能表使用说明书	
4	客户档案信息、技术资料	
5	施工方案	必要时

4.6 危险点分析及预防控制措施

直接接入式电能计量装置故障处理的危险点与预防控制措施，见表7。

表 7　　　　　　　　　　　危险点分析及预防控制措施

序号	防范类型	危险点	预防控制措施
1	人身伤害或触电	误碰带电设备	（1）在电气设备上作业时，应将未经验电的设备视为带电设备。 （2）在高、低压设备上工作，应至少由两人进行，完成保证安全的组织措施和技术措施。 （3）工作人员应正确使用合格的安全绝缘工器具和个人劳动防护用品。 （4）高、低压设备应根据工作票所列安全要求，落实安全措施。涉及停电作业的应实施停电、验电、挂接地线、悬挂标示牌后方可工作。工作负责人应会同工作票许可人确认停电范围、断开点、接地、标示牌正确无误。工作负责人在作业前应要求工作票许可人当面验电；必要时工作负责人还可使用自带验电器（笔）重复验电。 （5）工作票许可人应指明作业现场周围的带电部位，工作负责人确认无倒送电的可能。 （6）应在作业现场装设临时遮栏，将作业点与邻近带电间隔或带电部位隔离。作业中应保持与带电设备的安全距离。 （7）严禁工作人员未履行工作许可手续擅自开启电气设备柜门或操作电气设备。 （8）严禁在未采取任何监护措施和保护措施情况下现场作业
		走错工作位置	（1）工作负责人对工作班成员应进行安全教育，作业前对工作班成员进行危险点告知，明确指明带电设备位置，交代工作地点及周围的带电部位及安全措施和技术措施，并履行确认手续。 （2）相邻有带电间隔和带电部位，必须装设临时遮栏并设专人监护。 （3）核对工作票、故障处理工作单内容与现场信息是否一致。 （4）在工作地点设置"在此工作"标示牌
		电弧灼伤	（1）带电作业须断开负荷侧开关，避免带负荷装拆。 （2）工作人员应穿绝缘鞋和全棉长袖工作服，并戴手套、安全帽和护目镜
		不具备低压带电工作条件或未采取措施接触两相	（1）低压带电工作中使用的工具，其外裸的导电部位应采取绝缘措施，防止操作时相间或相对地短路。 （2）低压带电工作时，工作人员应穿绝缘鞋和全棉长袖工作服，并戴手套、安全帽和护目镜，站在干燥的绝缘物上进行。 （3）低压带电工作时禁止使用锉刀、金属尺和带有金属物的毛刷、毛掸等工具。做好防止相间短路产生弧光的措施。 （4）不具备低压带电工作条件且无法采取有效绝缘隔离措施，则应采取停电工作方式
		低压带电工作无绝缘防护措施	（1）低压带电工作应使用有绝缘柄的工具，其外裸的导电部位应采取绝缘措施，防止操作时相间或相对地短路。 （2）工作时，应穿绝缘鞋，并戴手套，站在干燥的绝缘物上进行。 （3）低压带电工作时应设专人监护；配置、穿用合格的个人绝缘防护用品；杜绝无个人绝缘防护或绝缘防护失效仍冒险作业的现象。 （4）低压带电工作时，人体不得同时接触两根线头

序号	防范类型	危险点	预防控制措施
1	人身伤害或触电	计量柜（箱）、电动工具漏电	（1）工作前应用验电笔（器）对金属计量柜（箱）进行验电，并检查计量柜（箱）接地是否可靠。 （2）电动工具外壳必须可靠接地，其所接电源必须装有漏电保护器
		短路或接地	（1）工作中使用的工具，其外裸的导电部位应采取绝缘措施，防止操作时相间或相对地短路。 （2）带电故障处理时，带电的导线部分应做好绝缘措施
		停电作业发生倒送电	（1）工作负责人应会同工作票许可人现场确认作业点已处于检修状态，并使用高压验电器确认无电压。 （2）确认作业点安全隔离措施，各方面电源、负载端必须有明显断开点。 （3）确认作业点电源、负载端均已装设接地线，接地点可靠。 （4）自备发电机只能作为试验电源或工作照明用，严禁接入其他任何电气回路
		使用临时电源不当	（1）接取临时电源时安排专人监护。 （2）检查接入电源的线缆有无破损，连接是否可靠。 （3）临时电源应具有漏电保护装置
		雷电伤害	室外工作应注意天气，雷雨天禁止作业
		工作前未进行验电	（1）工作前应在带电设备上对验电笔（器）进行测试，确保良好。 （2）工作前应先验电
2	机械伤害	戴手套使用转动工具，可能引起机械伤害	加强监督与检查，使用转动工具不得戴手套
		使用不合格工器具	按规定对各类工器具进行定期试验和检查，确保使用合格的工器具
		高处抛物	高处作业上下传递物品，不得投掷，必须使用工具袋并通过绳索传递，防止从高处坠落发生事故
3	高处坠落	使用不合格登高用安全工器具	按规定对各类登高用安全工器具进行定期试验和检查，确保使用合格的工器具
		绝缘梯使用不当	（1）使用前检查绝缘梯的外观以及编号、检验合格标识，确认符合安全要求。 （2）登高使用绝缘梯时应设置专人监护。 （3）梯子应有防滑措施，使用单梯工作时，梯子与地面的斜角度为60°左右，梯子不得绑接使用，人字梯应有限制开度的措施，人在梯子上时，禁止移动梯子
		登高作业操作不当	（1）登高作业前应先检查杆根，并对脚扣和登高板进行承力检验。 （2）登高作业应使用双控背带式安全带，双控背带式安全带应系在牢固的固件上

续表

序号	防范类型	危险点	预防控制措施
4	设备损坏	计量柜（箱）内遗留工具，导致送电后短路，损坏设备	（1）工作结束后应打扫、整理现场。 （2）认真检查携带的工器具，确保无遗留
		仪器仪表损坏	规范使用仪器仪表，选择合适的量程
		接线时压接不牢固或错误	加强作业过程中的监护、检查工作，防止接线时因压接不牢固或错误损坏设备
5	计量差错	接线错误	工作班成员接线完成后，应对接线进行检查，加强互查

5　工作流程图

根据工作全过程，以最佳的试验步骤和顺序，对作业过程进行优化而形成的故障处理流程图，如图 1。

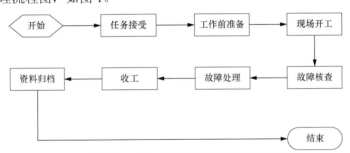

图 1　直接接入式电能计量装置故障处理流程图

6　工作程序与作业规范

按照工作流程图，明确每一项工作的具体内容和要求，见表 8。

表 8　工作程序与作业规范

序号	工作步骤	责任人	作业内容（工作规范和质量要求）	主要危险点预防控制措施	记录
一、任务接受					
1	接受任务	工作负责人	根据工作计划，接受任务安排		工作任务单
二、工作前准备					
1	工作预约	工作负责人	根据工作内容提前和客户进行预约		
2	打印工作任务单	工作负责人	打印工作任务单，同时核对计量设备技术参数与相关资料		

序号	工作步骤	责任人	作业内容（工作规范和质量要求）	主要危险点预防控制措施	记录
3	填写并签发工作票	工作负责人	（1）依据工作任务填写工作票。 （2）办理工作票签发手续。在客户电气设备上工作时应由供电公司与客户方进行双签发。供电方安全负责人对工作的必要性和安全性、工作票上安全措施的正确性、所安排工作负责人和工作人员是否合适等内容负责。客户方工作票签发人对工作的必要性和安全性、工作票上安全措施的正确性等内容审核确认	检查工作票所列安全措施是否正确完备，应符合现场实际条件。防止因安全措施不到位引起人身伤害和设备损坏	工作票
4	领取材料	工作班成员	凭故障处理工作单领取相应材料及封印，并核对所领取的材料是否完备	核对材料、封印等信息，避免错领	故障处理工作单
5	检查试验设备	工作班成员	检查试验设备是否符合工作要求		
6	检查工器具	工作班成员	选用合格的安全工器具，检查工器具应完好、齐备	避免使用不合格工器具引起机械伤害	

三、现场开工

序号	工作步骤	责任人	作业内容（工作规范和质量要求）	主要危险点预防控制措施	记录
1	办理工作票许可	工作负责人	（1）告知用户或有关人员，说明工作内容。 （2）办理工作票许可手续。在客户电气设备上工作时应由供电公司与客户方进行双许可，双方在工作票上签字确认。客户方由具备资质的电气工作人员许可，并对工作票中安全措施的正确性、完备性，现场安全措施的完善性以及现场停电设备有无突然来电的危险负责。 （3）会同工作许可人检查现场的安全措施是否到位，检查危险点预控措施是否落实	（1）防止因安全措施未落实引起人身伤害和设备损坏。 （2）同一张工作票，工作票签发人、工作负责人、工作许可人三者不得相互兼任	工作票
2	检查并确认安全工作措施	工作负责人	（1）高、低压设备应根据工作票所列安全要求，落实安全措施。涉及停电作业的应实施停电、验电、挂接地线或合上接地刀闸、悬挂标示牌后方可工作。工作负责人应会同工作票许可人确认停电范围、断开点、接地、标示牌正确无误。工作负责人在作业前应要求工作票许可人当面验电；必要时工作负责人还可使用自带验电器（笔）重复验电。	（1）应将现场电气设备视为带电设备，并与设备保持安全距离。 （2）进入现场工作，至少由两人进行。 （3）工作人员应正确使用合格的个人劳动防护用品。 （4）进入现场应保持与带电设备的安全距离。	工作票

序号	工作步骤	责任人	作业内容（工作规范和质量要求）	主要危险点预防控制措施	记录
2	检查并确认安全工作措施	工作负责人	（2）应在作业现场装设临时遮栏，将作业点与邻近带电间隔或带电部位隔离。工作中应保持与带电设备的安全距离	（5）严禁工作人员未履行工作许可手续擅自开启电气设备柜门或操作电气设备。（6）严禁在未采取任何监护措施和保护措施情况下现场作业	工作票
3	班前会	工作负责人、专责监护人	交代工作内容、人员分工、带电部位和现场安全措施，进行危险点告知和技术交底，并履行确认手续	防止危险点未告知或分工不明确，引起人身伤害和设备损坏	工作票

四、故障核查

序号	工作步骤	责任人	作业内容（工作规范和质量要求）	主要危险点预防控制措施	记录
1	计量柜（箱）验电、核查	工作班成员	（1）使用验电笔（器）对计量柜（箱）、采集器箱金属裸露部分进行验电，并检查计量柜（箱）接地是否可靠。（2）核查计量柜（箱）外观是否正常，封印是否完好，有异常现象拍照取证后转异常处理流程	（1）核查前使用验电笔（器）验明计量柜（箱）、电能表等带电情况，防止人员触电。（2）在客户设备上作业时，必须将客户设备视为带电设备。（3）严禁工作人员未经验电开启客户设备柜门或操作客户设备，严禁在未采取任何监护措施和保护措施情况下登高检查作业。（4）应将不牢固的上翻式计量柜（箱）门拆卸，检验后恢复装回，防止计量柜（箱）门跌落伤害工作人员。（5）当打开计量箱（柜）门进行检查或操作时，应采取有效措施对箱（柜）门进行固定，防范由于刮风或触碰造成柜门异常关闭而导致事故	
2	核对信息	工作班成员	根据故障处理工作单核对客户信息、电能表铭牌参数等内容，确认故障计量装置位置	（1）核对计量装置信息，如需要登高作业，应使用合格的登高用安全工具。（2）绝缘梯使用前检查外观，以及编号、检验合格标识，确认符合安全要求。（3）登高使用绝缘梯时应设置专人监护。（4）梯子应有防滑措施，使用单梯工作时，梯子与地面的斜角度为 60° 左右，梯子不得绑接使用，人字梯应有限制开度的措施，人在梯子上时，禁止移动梯子	故障处理工作单

序号	工作步骤	责任人	作业内容（工作规范和质量要求）	主要危险点预防控制措施	记录
3	计量柜（箱）核查	工作班成员	核查计量柜（箱）外观是否正常，封印是否完好，有异常现象拍照取证后转异常处理流程	（1）核查前，使用验电笔（器）验明计量柜（箱）、电能表等带电情况，防止人员触电。 （2）在客户设备上作业时，必须将客户设备视为带电设备。 （3）严禁工作人员未经验电开启客户设备柜门或操作客户设备，严禁在未采取任何监护措施和保护措施情况下登高检查作业。 （4）应将不牢固的上翻式表箱门拆卸，检验后恢复装回，防止表箱门跌落伤害工作人员	
4	电能表核查	工作班成员	（1）核查电能表进出线是否有破损、烧毁痕迹。 （2）核查电能表外观是否有破损、烧毁痕迹，封印是否完好，有异常现象拍照取证后转异常处理流程。 （3）核查电能表显示屏显示是否完整，有无黑屏等故障。 （4）按键核查电能表时钟、时段、电压、电流、相序、功率、功率因数等信息是否正常。本地费控电能表，应核查表内剩余金额。 （5）拆除电能表封印并做好记录，用钳形万用表测量电能表电压、电流后，具备条件的，用现场校验仪核查电能表接线，并进行误差校验，确认电能表误差是否在合格范围内。 （6）确定故障类型，拍照取证后，直接进入故障处理流程	（1）核查前，使用验电笔（器）验明计量柜（箱）、电能表等带电情况，防止人员触电。 （2）电能表误差校验前，应检查电能表现场校验仪的电压线、电流线绝缘良好，无破损，根据电能表接线方式，正确接入电能表现场校验仪。 （3）做好安全措施，防止相间或相对地短路	故障处理工作单
	五、故障处理				
1	断开电源并验电	工作班成员	（1）核对作业间隔。 （2）使用验电笔（器）对计量柜（箱）金属裸露部分进行验电。 （3）确认电源进、出线方向，断开进、出线开关，且能观察到明显断开点。 （4）使用验电笔（器）再次进行验电，确认一次进出线等部位均无电压后，装设接地线	（1）防止开关故障或用户倒送电造成人身触电。 （2）断开开关后，在开关操作把手上均应悬挂"禁止合闸，有人工作！"的标示牌	

序号	工作步骤	责任人	作业内容（工作规范和质量要求）	主要危险点预防控制措施	记录
2	接线故障处理	工作班成员	（1）故障处理前，应告知客户故障原因，并抄录电能表当前各项读数，请客户认可。 （2）更正接线时，具备停电条件的，应停电更正。不具备停电条件的，应断开负荷侧开关	（1）更正接线过程中，金属裸露部分应采取绝缘措施，防止意外短路造成人员伤害。 （2）更正接线后，金属裸露部分不得有碰壳和外露现象。 （3）需要停电处理时，应严格按照电力安全工作规程进行停电、验电、挂接地线。 （4）停电后，表前、表后开关（刀闸）有明显可见断开点，否则应按照带电作业做好安全措施	故障处理工作单
3	电能表故障处理	工作班成员	（1）故障处理前，应告知客户故障原因，并抄录电能表当前各项读数，请客户认可。 （2）电能表故障，按照《直接接入式电能计量装置装、拆作业指导书》装拆电能表	（1）工作时，应设专人监护，使用绝缘工具，并站在干燥的绝缘物上。 （2）装拆电能表时，拆开的相线金属裸露部分应采取绝缘措施，防止短路造成人员伤害	故障处理工作单
4	带电检查	工作班成员	（1）现场通电检查前，应会同客户一起记录故障处理后的电能表各项读数，并核对。 （2）带电后，用验电笔（器）测试电能表外壳、零线桩头、接地端子、计量柜（箱）应无电压。 （3）检查电能计量装置是否已恢复正常运行状态。具备误差校验条件的，应用电能表现场校验仪进行误差校验		故障处理工作单
5	实施封印	工作班成员	故障处理后，应对电能表、计量柜（箱）加封，并在故障处理工作单上记录封印编号		故障处理工作单
六、收工					
1	清理现场	工作班成员	现场作业完毕，工作班成员应清点个人工器具并清理现场，做到工完料净场地清		
2	现场完工	工作负责人	记录好电能计量装置故障现象，履行客户签字认可手续，作为退补电量依据		故障处理工作单
3	办理工作票终结	工作负责人、工作班成员	（1）办理工作票终结手续。 （2）请运维单位人员拆除现场安全措施		工作票

153

序号	工作步骤	责任人	作业内容（工作规范和质量要求）	主要危险点预防控制措施	记录
4	编制电能计量装置故障、差错调查报告	工作负责人	按照国家电网公司相关要求编制		电能计量装置故障、差错调查报告
七、资料归档					
1	信息录入	工作班成员	将故障处理信息及时录入营销业务应用系统		
2	资料归档	工作班成员	工作结束后，客户档案信息、故障处理工作单等应由专人妥善存放，并及时归档		

7 报告和记录

执行本标准化作业指导书形成的报告和记录见表9。

表9　　　　　　　　**报 告 和 记 录**

序号	编号	名称	填写部门	保存地点	保存期限
1		工作票	班组	班组	不少于1年
2		故障处理工作单	班组	班组	不少于3年
3		电能计量装置故障、差错调查报告	班组	班组	不少于3年

附录 B　作业现场处置方案范例

【范例一】　供电服务人员应对重要用户突发停电事件现场处置方案

一、工作场所

××电力公司××重要用户。

二、事件特征

自然灾害、电力生产事故、电力设施遭受破坏等各类突发事件引起重要用户停电，造成人身伤亡、重大经济损失或一定范围社会公共秩序的混乱。

三、现场人员应急职责

（1）及时了解现场情况，开展信息搜集。

（2）协助重要用户进行故障隔离和恢复送电工作。

四、现场应急处置

1. 现场应具备的条件

（1）重要用户资料及联系方式。

（2）应急通信工具及上级电话号码。

2. 现场应急处置程序及措施

（1）接到重要用户停电事件信息后，应立即组织工作人员赶赴现场。

（2）立即与调度等部门联系，初步了解停电是由于电网侧还是用户侧原因引起。

（3）故障如为电网侧原因引起的，应督促相关部门尽快恢复供电，并跟踪供电恢复情况。故障如为用户侧原因引起的，现场工作人员应尽快协助用户进行故障隔离，恢复对重要负荷的送电，必要时协调相关部门为重要用户提供临时应急电源。

（4）做好客户受电装置的原始数据收集和整理。

（5）现场工作人员持续跟踪事态发展，及时向上级部门汇报现场进展情况。

五、注意事项

（1）重要用户停电事件处置现场，工作组人员不能代替用户进行现场操作。

（2）进入用电现场需落实安全防护措施，遵守现场安全规定。

六、联系电话

单位	姓名	电话	手机
客户服务中心领导			
调度电话			

【范例二】 供电服务人员应对突发事件现场处置方案

一、工作场所

××电力公司××营业厅、客户侧等服务现场。

二、事件特征

由于电网供电能力不足、电力服务人员服务水平、用电客户群体的复杂程度及其他不可控因素等多方面的原因，引起客户投诉、新闻媒体曝光等损害国家电网公司品牌形象和企业形象的事件。

三、现场人员应急职责

（1）及时了解现场情况，开展信息搜集。

（2）控制现场影响，避免事态进一步恶化。

四、现场应急处置

1. 现场应具备的条件

应急通信工具及上级电话号码。

2. 现场应急处置程序及措施

（1）现场工作人员在服务过程中遇到客户不理解或引起争执时，必须先致歉，缓解客户的情绪。

（2）立即纠正现场工作过程中的不规范行为。

（3）及时了解客户的诉求，分析原因，与客户进行沟通解释。对无法当场回答客户的问题，应将问题记录下来，与客户约定时间再次沟通。

（4）现场工作人员持续跟踪事态发展，及时向上级部门汇报现场进展情况。

（5）现场遇到媒体采访时，应根据本单位信息披露的要求认真对待。

五、注意事项

（1）在电力服务事件发生后现场处置时，不可言语过激或行为偏激。

（2）如有新闻媒体采访时，应根据本单位信息披露的要求，由本单位新闻发言人统一接受采访。

（3）进入用电现场需落实安全防护措施，遵守现场安全规定。

六、联系电话

单位	姓名	电话	手机
客户服务中心领导			
本单位新闻中心			

【范例三】 95598 客户服务应对突发事件现场处置方案

一、工作场所

××电力公司××95598 服务大厅。

二、事件特征

由于电力客户无理投诉、无理取闹，干扰 95598 正常业务事件。处理不恰当，也可能演变为客户投诉等损害国家电网公司品牌形象和企业形象的事件。

三、现场人员应急职责

（1）及时了解、正常判断客户电话性质。

（2）立即采取措施消除客户无理投诉、无理取闹干扰，确保 95598 正常运转。

四、现场应急处置

1. 现场应具备的条件

应急通信工具及上级电话号码。

2. 现场应急处置程序及措施

（1）客户反复拨打 95598 热线却无实质性谈话内容或客户投诉的内容经多次证实并反馈为不属实的，其行为严重影响了 95598 热线正常工作，可以初步判断为客户无理投诉、无理取闹。

（2）对客户无理投诉、无理取闹电话，座席人员应礼貌告知客户，明确将不予受理。

（3）座席人员应立即向当值值长汇报。

（4）对确认为客户无理投诉、无理取闹的电话，可以不予回访。

（5）对确认为客户无理投诉、无理取闹的电话，可以在 95598 系统内采取"屏蔽"功能。

（6）对于未经许可，试图冲入 95598 工作现场的，立即拨打警卫部门电话，引导其离开。

（7）持续跟踪事态发展，及时向上级部门汇报现场进展情况。

五、注意事项

（1）在接听客户电话时，应注意言语用词，不可激怒客户，使矛盾升级。

（2）在 95598"屏蔽"功能时，须按规定程序审批，并在系统中输入屏蔽原因。

六、联系电话

单位	姓名	电话	手机
客户服务中心领导			
省 95598 投诉中心			
省运维部门			
警卫部门			

【范例四】 作业人员应对突发低压触电事故现场处置方案

一、工作场所

××电力公司××生产作业现场。

二、事件特征

作业人员在 1000V 以下电压等级的设备上工作，发生触电，造成人员伤亡。

三、现场人员应急职责

1. 现场负责人

（1）组织抢救触电人员。

（2）向上级部门汇报触电事故情况。

2. 现场人员

抢救触电人员。

四、现场应急处置

1. 现场应具备条件

（1）通信工具及上级、急救部门电话号码。

（2）电工工器具、绝缘鞋、绝缘手套等安全工器具。

（3）急救箱及药品。

2. 现场应急处置程序及措施

（1）现场人员采取拉开关、断线或使用绝缘工器具移开带电体等措施使触电者脱离电源。

（2）如触电者悬挂高处，现场人员应尽快解救至地面；如暂时不能解救至地面，应考虑相关防坠落措施，并向消防部门求救。

（3）根据触电人员受伤情况，采取人工呼吸、心肺复苏等相应急救措施。

（4）现场人员将触电人员送往医院救治或拨打"120"急救电话求救。

（5）向上级部门汇报人员受伤及抢救情况。

五、注意事项

（1）严禁直接用手、金属及潮湿的物体接触触电人员。

（2）在施救高处触电者时，救护者应采取防止坠落措施。

（3）在医务人员未接替救治前，不应放弃现场抢救。

六、联系电话

序号	部门	联系人	电话
1	医疗急救		120
2	本单位安监部门		
3	本单位领导		

【范例五】　作业人员应对突发高处坠落现场处置方案

一、工作场所

××电力公司××高处作业现场。

二、事件特征

作业人员在高处作业时，从高处坠落至地面、高处平台或悬挂空中，造成人身伤害。

三、现场人员应急职责

1. 现场负责人

（1）组织救助伤员。

（2）汇报事件情况。

2. 现场其他人员

救助伤员。

四、现场应急处置

1. 现场应具备条件

（1）通信工具及上级、急救部门电话号码。

（2）急救箱及药品。

2. 现场应急处置程序及措施

（1）作业人员坠落至高处或悬挂在高处时，现场人员应立即使用绳索或其他工具将坠落者解救至地面进行检查、救治；如果暂时无法将坠落者解救至地面，应采取措施防止脱出坠落。

（2）人体若被重物压住，应立即利用现场工器具使伤员迅速脱离重物，现场施救困难时，应立即向上级部门或拨打"110"请求救援。

（3）高处坠落伤害事件发生后，应采取措施将受伤人员转移至安全地带。

（4）对于坠落地面人员，现场人员应根据伤者情况采取止血、固定、心肺复苏等相应急救措施。

（5）送伤员到医院救治或拨打"120"急救电话求救。

（6）向上级部门汇报高处坠落人员受伤及救治等情况。

五、注意事项

（1）对于坠落昏迷者，应采取按压人中、虎口或呼叫等措施使其保持清醒状态。

（2）解救高处伤员过程中要不断与之交流，询问伤情，防止昏迷，并对骨折部位采取固定措施。

六、联系电话

序号	部门	联系人	电话
1	医疗急救		120
2	救援报警		110
3	本单位安监部门		
4	本单位领导		

【范例六】 作业人员应对突发高压触电事故现场处置方案

一、工作场所

××电力公司××生产作业现场。

二、事件特征

作业人员在电压等级 1000V 及以上的设备上工作，发生触电，造成人员伤亡。

三、现场人员应急职责

（1）组织抢救触电人员。

（2）向上级部门汇报触电事故情况。

（3）现场人员抢救触电人员。

四、现场应急处置

1. 现场应具备条件

（1）通信工具及上级、急救部门电话号码。

（2）电工工器具、绝缘鞋、绝缘手套等安全工器具。

（3）急救箱及药品。

2.现场应急处置程序及措施

（1）现场人员立即使触电人员脱离电源。一是立即通知有关部门（值班调控或运维人员）或用户停电。二是戴上绝缘手套，穿上绝缘靴，用相应电压等级的绝缘工具按顺序拉开电源开关、熔断器或将带电体移开。三是采取相关措施使保护装置动作，断开电源。

（2）如触电人员悬挂高处，现场人员应尽快解救至地面；如暂时不能解救至地面，应考虑相关防坠落措施，并拨打"110"求救。

（3）根据触电人员受伤情况，采取止血、固定、人工呼吸、心肺复苏等相应急救措施。

（4）如触电者衣服被电弧光引燃时，应利用衣服、湿毛巾等迅速扑灭其身上的火源，着火者切忌跑动，必要时可就地躺下翻滚，使火扑灭。

（5）现场人员将触电人员送往医院救治或拨打"120"急救电话求救。

（6）向上级部门汇报触电人员受伤及抢救情况。

五、注意事项

（1）严禁直接用手、金属及潮湿的物体接触触电人员。

（2）救护人在救护过程中要注意自身和被救者与附近带电体之间的安全距离（高压设备接地时，室内安全距离为 4m，室外安全距离为 8m），防止再次触及带电设备或跨步电压触电。

（3）解救高处伤员过程中要询问伤员伤情，并对骨折部位采取固定措施。

（4）在医务人员未接替救治前，不应放弃现场抢救。

六、联系电话

序号	部门	联系人	电话
1	医疗急救		120
2	救援报警		110
3	本单位安监部门		
4	本单位领导		

【范例七】　工作人员应对动物（犬）袭击事件现场处置方案

一、工作场所

××电力公司××外出作业过程中。

二、事件特征

工作人员在外出作业过程中，遭遇动物（犬）袭击。

三、现场人员应急职责

（1）现场自救。

（2）汇报事件情况。

四、现场应急处置

1. 现场应具备条件

（1）棍棒或棒状工具。

（2）通信工具及上级、急救部门电话号码。

（3）急救药品。

2. 现场应急处置程序及措施

（1）大声呼救、使用棍棒或棒状工具驱赶袭击动物（犬）。

（2）若被动物（犬）咬伤，应利用携带的急救药品进行救治。

（3）送伤员到医院救治或拨打"120"急救电话求救。单人巡视向路人求助或自行拨打"120"求救，并汇报上级求援。

（4）向上级汇报人员受伤及救治等情况。

五、注意事项

（1）驱赶袭击动物（犬）过程中，应做好自我防护，防止受到伤害。

（2）被动物（犬）咬伤后应尽早注射狂犬疫苗。

六、联系电话

序号	部门	联系人	电话
1	医疗急救		120
2	本单位安监部门		
3	本单位安监部门		

【范例八】 作业人员应对突发坍（垮）塌事件现场处置方案

一、工作场所

××电力公司××生产、基建（作业）现场。

二、事件特征

基建、生产作业现场发生跨越架、脚手架坍（垮）塌事件，造成人员伤亡和设备损坏。

三、现场人员应急职责

1. 现场负责人

（1）组织现场人员抢救。

（2）向上级汇报事故情况。

2. 现场作业人员

救助伤员。

四、现场应急处置

1. 现场应具备条件

（1）通信工具及上级、急救部门电话号码。

（2）急救箱及药品。

（3）应急照明器具。

2. 现场应急处置程序及措施

（1）发生坍（垮）塌事故时，作业人员应立即撤离现场。如有人受伤应大声呼救、自救，在保证人员安全的情况下，对未坍塌部位采取加固措施，防止坍（垮）塌范围扩大。

（2）采取有效措施，尽快解救被困人员，并转移至安全地点。发现有人员被困难以施救时，及时拨打"110"请求救援。

（3）根据伤员休克、骨折、出血等不同情况，现场采取止血、固定、人工呼吸等相应急救措施。

（4）送伤员到医院救治或拨打"120"急救电话求救。

（5）设立危险警戒区域，严禁无关人员进入。

（6）将事件发生的时间、地点、初步判断原因、坍塌程度、人员伤亡等情况汇报上级。

五、注意事项

（1）应急救护人员进入事故现场必须听从现场负责人指挥，要做好防止再次坍（垮）塌措施；用吊车、挖掘机等机械施救，要有专人指挥和监护，并做好防止机械伤害被救人员的措施。

（2）解救悬空被困者时尽可能使用吊篮方式；救护、运送伤员时尽可能使用担架方式，避免伤员受到二次伤害。

六、联系电话

序号	部门	联系人	电话
1	医疗急救		120
2	救援报警		110
3	工程管理部门		

【范例九】 办公场所火灾事故现场处置方案

一、工作场所

××电力公司××供电公司办公大楼。

二、事件特征

办公大楼发生火灾，产生高温有害气体，造成人身烧伤、中毒、窒息和设备损坏，导致人身伤亡和财产损失。

三、岗位应急职责

1. 火情发现人

（1）发现火情立即报警，并通知火灾区域所有人员。

（2）抢救伤员。

（3）疏散火灾区域人员。

（4）在火灾初期参与灭火工作。

2. 火灾区域人员

（1）及时向大楼消防管理负责人汇报火情。

（2）组织抢救伤员。

（3）在火灾初期组织灭火工作。

（4）组织疏散火灾区域人员。

（5）采取措施，隔离火灾区域。

（6）在保证人员安全的情况下抢救重要档案资料。

3. 其他工作人员

听从指挥，协助抢救伤员、疏散人员。

四、现场应急处置

1. 现场应具备条件

（1）自动灭火装置、火灾自动报警系统。

（2）灭火器、消防栓、消防水带、疏散标志、应急照明灯等消防设施设备。

（3）防毒面具、急救箱及药品等防护用品。

2. 现场应急处置程序

（1）查看火情。

（2）向消防值班室、公安机关消防部门报警，向办公楼消防管理责任人汇报。

（3）抢救伤员。

（4）组织人员灭火。

（5）疏散人员。

3. 现场应急处置措施

（1）发现火情，迅速查看着火部位及火势。

（2）立即启动火灾自动报警系统，大声呼叫，使火灾区域人员都知道；及时汇报办公楼消防值班人员；拨打"119"向公安消防部门报警，请求救援。报警内容：单位名称、地址、着火物质、火势大小、着火范围。把自己的电话号码和姓名告诉对方。

（3）发现火灾后，火灾区域人员尽快戴好防毒面具。

（4）发现有人烧伤，立即转移至楼下安全地带，用干净纱布覆盖烧伤面，防止被污染。发现有人吸入有害气体中毒，立即转移至通风良好处休息，已昏迷伤员应保持气道通畅，呼吸心跳停止者，按心肺复苏法抢救。尽快把伤员送往医院救治或拨打"120"求援。

（5）在火灾初期，可组织火灾区域人员用灭火器灭火。

（6）安排专人在楼梯口指挥，沿办公楼步行梯有序疏散，严禁搭乘电梯。

（7）根据现场实际情况采取关闭防火门等措施隔离火区，防止火势快速蔓延。

五、注意事项

（1）没有防毒面具的人员，可用湿毛巾、湿衣服捂住口鼻弯腰迅速撤离火灾区域。

（2）未经医务人员同意，灼伤部位不宜敷搽任何东西和药物。

（3）火灾初期，在保证人员安全的情况下，才能组织人员灭火，把重要档案资料抢救至安全区域。火势较大时，所有非消防专业人员必须撤离现场。

（4）疏散时要有序撤离，防止发生人员踩踏事件。

另外，针对雷电灾害、溺水、食物中毒和交通事故等也有相应的现场处置方案。

六、联系电话

序号	部门	联系人	电话
1	医疗急救		120
2	救援报警		119
3	安监部门		
4	单位领导		